Édition : BoD – Books on Demand, info@bod.fr
Impression : BoD – Books on Demand, In de Tarpen
42, Norderstedt (Allemagne)
Impression à la demande
ISBN : 978-2-3221-8534-4
Dépôt légal : Mars 2023

Liminaire.

Après avoir entretenu une amitié d'enfance, ils se sont mariés très jeunes, elle venait à peine d'effleurer ses seize ans, et lui, il avait tout juste atteint ses dix-neuf. Lorsque je suis arrivé dans leur nouvelle vie de jeune couple, ils ont aussitôt ressenti ma présence comme le pire des cauchemars. Alors que je n'avais que deux mois environ, sans affection ni le moindre sentiment de grave violation de leur devoir de parents, ces deux êtres dépourvus d'amour pour leur premier né, ont privilégié leur bien-être en se désintéressant totalement de moi. Ils s'en sont délestés en me déposant chez mes grands-parents.

Brutal déracinement.

Mes grands-parents m'ont élevé dans une chaude ambiance faite de câlins, d'écoute et d'un incommensurable amour. J'étais blotti dans leurs bras, heureux, bercé, choyé et protégé en permanence. Le nourrisson qu'ils avaient recueilli et qui grandissait auprès d'eux ne pouvait à l'époque avoir conscience de la précarité d'une telle situation. Dans cette tranche de vie, on ne se pose aucune question, on vit tout simplement dans une parfaite plénitude chaque instant de bonheur qui se présente. J'étais heureux, ainsi que peut l'être un enfant inondé d'amour.

J'occupais une chambre au deuxième étage sous les toits, c'était mon domaine. Un vrai château fort où je pouvais rêver et jouer les jours où la pluie, le froid et le mistral trop violent, ne me permettaient pas de m'ébattre dans la petite cour, sous l'œil vigilent et plein d'amour de ma grand-mère.

Mon cinquième anniversaire approchait et le comportement de mes grands-parents ne reflétait pas la joie que je leur avais toujours connue. Mon jeune âge ne m'avait nullement privé de réaliser que quelque chose d'insolite se tramait. Je percevais nettement une certaine inquiétude et une agitation que je ne leur connaissais pas. Je les avais surpris avec des regards tristes posés sur moi alors que des bribes de conversation étaient venues jusqu'à mes oreilles. '

- Ils vont venir nous le reprendre ! Que faire ? Que va-t-il se passer ? Notre pauvre petit chéri, comment va-t-il vivre cela ? Que va-t-il devenir?

Ce « Ils », n'était autre que mes géniteurs, je l'avais bien compris. J'avais également compris, mais sans en connaître leur dessein, qu'au bout de toutes ces années, « ils » pouvaient se souvenir de moi et qu'« ils » voulaient me récupérer. Dans ma logique toute simple de gamin, cette éventualité me paraissait complètement infondée et surtout impossible à se réaliser. Rien, à mon sens, ne pouvait venir perturber la vie paisible que je coulais jour après jour, et m'arracher à mes grands-parents que je chérissais. Inconscient de la gravité des menaces qui pesaient sur mon avenir, je me disais tout simplement d'un ton rassurant :

- De toute façon, moi je reste ici, je ne partirai pas. Ils n'ont qu'à me laisser tranquille. C'est ici ma maison, c'est ici que sont mes vrais parents que j'aime.

Puis, avec une mine renfrognée, celle que peut afficher un jeune gosse obstiné, je poursuivais avec le peu de vocabulaire que je possédais alors, quelque chose qui pouvait s'apparenter aujourd'hui à :

- Qu'ils aillent donc se faire pendre !

Par ces simples mots, je parvenais à apaiser mon esprit, et il me semblait être ainsi protégé de toute situation affligeante. Cela me paraissait suffisant pour écarter tout risque de menace. Un enfant, c'est immature, il vit dans son monde, il croit aux contes de fée et aux

3

formules magiques qui réalisent tous ses souhaits.

Malgré tous mes raisonnements que je croyais infaillibles, j'ai malheureusement connu l'insupportable. Peut-être, aurait-il été préférable que ma vie s'arrêtât là.

Un enfant de cinq ans ne peut présager que tout puisse soudainement s'écrouler. A cet âge, il n'a nullement conscience de l'horrible. Il ne sait pas, que tout à coup, tout peut basculer dans l'épouvantable. Et pourtant ! Ce soir-là, aucune formule magique ne s'est révélée efficace, rien ne s'est passé comme je l'avais tant imaginé. Les bonnes fées avec leurs baguettes avaient déserté et laissé la place aux méchantes sorcières chevauchant leur balai.

A une heure avancée de la nuit, alors que nous dormions paisiblement tous les trois, nous fûmes tirés en sursaut de notre sommeil par un grand vacarme. Les coups frappés avec vigueur et insistance contre la porte du garage semblaient nettement être les messagers de mauvaises nouvelles. J'étais en pleurs avec une crainte énorme qui me tenaillait. A force de tendresse et de paroles de réconfort, mes grands-parents m'ont rasséréné et réussi à mettre fin à mes larmes.

Tous les mots fétiches que j'avais prononcés ne s'opposaient à rien. Bien au contraire, Pan ! Pan ! Pan ! Les coups qui redoublaient de force sur la porte du garage, se faisaient l'écho d'impatience et de rage. Mes grands- parents, avec beaucoup de ménagement, m'ont prévenu.

- Ce sont tes parents, ils viennent probablement te chercher.

- Mais, je ne veux pas aller avec eux ! Vous n'avez qu'à leur dire que je ne suis pas là.

Je me sentais à l'abri derrière ce raisonnement de gosse que je croyais simple, clair, précis, et surtout efficace, mais je n'avais pas conscience qu'il ne m'était pas donné de mesurer vraiment l'incohérence de mes propos devant la gravité de cette situation. Dans des circonstances semblables on ne tient jamais compte du souhait des enfants et on ne leur octroie surtout pas le droit à la parole, les adultes seuls possèdent ce pouvoir arbitraire de décider et d'imposer leur diktat.

Afin de mettre fin à ce tapage, mes grands-parents se sont empressés de descendre et d'ouvrir la porte du garage. J'étais dans les bras de ma grand-mère lorsque soudain, j'ai vu devant nous nos visiteurs nocturnes tonitruants. Mon géniteur était flanqué de sa femelle qui vociféra en poussant brutalement la porte, indignée qu'on lui ait imposé d'attendre aussi longtemps avant de répondre à son injonction de pénétrer chez nous. Ils s'engouffrèrent tous les deux comme s'ils avaient été violemment poussés par une énorme bourrasque. Mes oreilles ont été martelées de tout un chapelet d'injures adressées à mes grands-parents qui ont été tout particulièrement visés et agonis.

Anéanti, j'ai vécu ces instants, où la méchanceté exprimée par cette harpie qui n'était autre que celle qui m'avait porté neuf mois, dépassait et de loin, tout ce vers quoi aurait pu me porter mon imagination d'enfant. Non repue des mots orduriers qu'elle venait de prononcer, et qui, après avoir souillé mes oreilles, ont été gravés à jamais à l'encre indélébile dans mon cœur, la mégère plus déchaînée encore, se laissa aller à davantage d'emportements. Ses gestes se mirent soudain au diapason de ses injures. Elle gifla et bouscula vivement ma grand-mère qui en perdit ses précieuses lunettes projetées à terre. Mais l'horreur n'avait pas encore atteint son paroxysme. Dans son élan satanique, la furie écrasa si furieusement de ses pieds les lunettes, que les verres épais furent brisés et les montures totalement déformées. Lorsque je les entendis tomber et que je vis ensuite cet acharnement démoniaque, je fus tétanisé. J'ai regardé avec effroi les verres en miettes et les frêles montures totalement détruites. Ajoutée à une énorme peine, une haine naissante en moi m'envahit car je savais combien les dégâts causés allaient perturber le quotidien de mon aïeule. Je pleurais et regardais ma grand-mère qui portait une grande marque rouge sur sa joue. Mon cœur battait si fort, qu'il semblait vouloir exploser et sortir tout entier de ma poitrine, mes petits poings se serraient, je voulais hurler et j'avais envie de rendre coup pour coup à cette monstrueuse femme surgie dans la nuit pour venir nous faire du mal.

J'ai enduré ensuite la scène atroce de mon arrachement à mes grands-parents. La gorgone bouscula et repoussa à nouveau si violemment ma grand-mère, qu'elle déchira sa belle chemise de nuit cousue dans une fine étamine. Enfin, avec les mêmes précautions que l'on soulève un vieux sac de pommes de terre, elle me saisit si brutalement par le bras, que je crus un instant qu'elle allait me l'arracher. Je braillais, refusant d'être enlevé et séparé de mes deux êtres d'amour.

Que peut faire un enfant de cinq ans dans une telle situation ? Subir et se taire ? Cela n'était certainement pas déjà les traits dominants de mon caractère. Tandis que je me débattais pour échapper aux griffes de cette sorcière, sans aucune autre forme de procès, comme si j'avais commis la pire des infamies, elle m'empoigna, me traîna, me secoua, et me gifla tout en vociférant des insanités sans tarir dont elle semblait être coutumière, jusqu'au seuil d'une nouvelle maison située à quelques mètres de là mais qui m'était totalement inconnue et hostile. Ce fut dans ces conditions marquantes que je fus arraché en pleine nuit à ceux qui m'avaient aimé, choyé, nourri et élevé depuis les premiers mois ma vie. Meurtri pour toujours dans mon cœur, par les mots orduriers prononcés, ainsi que par les violences physiques à l'encontre de ma grand-mère, dès cet instant, j'ai rejeté et maudit cette femme que je ne désignerai jamais par le mot « mère » tout au long de ce témoignage.

Transplanté violemment du n° 14 au 18 de la même rue, j'allais devoir oublier mes tendres habitudes. Je me sentais perdu, et, refusant de m'établir de nouveaux repères, je pressentais des jours bien sombres annonciateurs d'agressivité, de vulgarité, de méchanceté, de coups et de de violences diverses.

Pour rajouter à sa perversité machiavélique, comme si celle-ci n'avait pas déjà atteint son sommet, cette ignoble sorcière m'interdit tous contacts, n'auraient-ils été que brefs, avec mes grands-parents.

Malgré une telle injonction, je n'entendais absolument pas m'y soumettre. Avec astuce, ma grand-mère et moi avons outrepassé les ordres, dérogé aux consignes de la matrone et déjoué tous ses plans maléfiques par une totale complicité. Il y avait tellement d'amour et de communion entre nous, qu'il n'était nullement besoin d'échanger de longues phrases, un simple regard, un sourire suffisaient pour partager un court instant de bonheur.

Chaque fois que la mégère me conduisait à l'école, j'avais porté mes yeux tristes vers la fenêtre de la chambre de mes grands-parents. J'avais deviné ma grand-mère cachée derrière les persiennes légèrement entr'ouvertes. Elle passait discrètement sa main entre les deux volets entrebâillés et agitait ses doigts pour me faire un signe. Nous ne pouvions nous rencontrer mais ce geste à lui seul regroupait tant d'amour, tant de baisers que je m'y abreuvais à chacun de mes passages. Elle savait faire preuve d'une si parfaite ponctualité qu'aucun de mes regards n'ait point été récompensé à chacun de mes passages. Afin de ne pas attirer l'attention de la matrone qui surveillait le moindre de mes mouvements, je me gardais bien de lever ni les yeux ni la tête et à ne pas marquer le moindre ralentissement dans mon allure. Mon cœur se mettait à battre plus fort dès que j'apercevais la main de ma grand-mère s'agiter discrètement derrière les volets, puis, après quelques pas, après avoir légèrement dépassé la maison, j'agitais discrètement ma main dissimulée derrière mon dos, afin d'éviter de me faire surprendre. J'envoyais un furtif message de tendresse et d'amour vers cette persienne mi close et je pouvais ainsi chaque jour, à ma façon, dire à celle que je chérissais:

- Je t'aime très fort grand-mère, à demain !

Oh Combien je l'ai appréciée comme maman cette grand-mère-là, et combien j'aurais voulu que rien ne fût changé!

Tout au long du chemin qui menait à l'école, je ne cessais de penser à ce geste, je l'attendais chaque jour car il était à lui seul porteur de tellement d'amour et d'espoir, qu'il me donnait la force de surmonter l'ambiance que je subissais depuis les durs moments de mon enlèvement. Ce témoignage d'amour que nous échangions quotidiennement, emplissait à chaque fois mon cœur d'un tel bonheur, que peu m'importaient la crainte d'être surpris par la mégère ainsi que des conséquences qui auraient pu en découler.

Notre prudence ainsi que nos ruses portèrent si bien leur fruit en passant outre les injonctions de la matonne, que nous avons ajouté à notre bonheur, le succès d'avoir remporté une victoire.

De longues journées, d'interminables semaines et des mois pesants s'imposaient cependant lourdement à moi, privé d'un véritable contact avec mes grands-parents. J'étais contraint à me satisfaire de leur douce chaleur qu'aux seules visites annuelles incontournables non dictées par le cœur mais uniquement par quelques dates du calendrier auxquelles mon père, non flanqué de sa mégère, m'emmenait. Je souffrais de ce manque d'étreintes, de baisers, de tout ce que j'avais connu auparavant, et de ce dont un jeune enfant éprouve le plus grand besoin. J'ai vécu sans amour et dans la crainte subissant les premières et dures épreuves de ma vie. Cela a duré près de trois années. De longues années durant lesquelles j'ai dû me taire, subir, encaisser, et maudire chaque jour davantage cet être immonde qui m'avait mis au monde.

Retour au nid.

J'étais, je pense, dans ma huitième année, mais je ne me souviens plus en quelles circonstances j'eus l'immense joie d'être une nouvelle fois « confié» à mes grands-parents. Ce retour est l'un de mes plus riches et beaux souvenirs.

Je les retrouvais, et les avais à nouveau tout à moi. Je revenais dans mon doux nid douillet pour savourer à nouveau les jours paisibles que j'y avais déjà connus. Les câlins, les bises et l'amour allaient inonder toute mon âme. Toutes les craintes et le manque d'amour allaient désormais appartenir au passé. Cet immense bien-être ne connaît pas les mots pour être exprimé, il est toutefois simplement fait pour être pleinement vécu et grandement apprécié.

Cependant, si cet immense bonheur eut pour effet de donner jour après jour, des coups de gomme sur le mal que j'avais subi, il ne réussit pas pour autant et ne parviendra jamais à l'effacer.

Une âme d'enfant est perméable et fragile, toute empreinte y reste à jamais indélébile. Quand bien même tout un ressenti de peine, de colère, de rancune et de haine pouvait se métamorphoser en totale indifférence, rien, ni même le temps qui apaise le mal subi ne peut effacer les nombreuses et invisibles cicatrices de l'âme et du cœur. Je n'emporte rien dans mes bagages qui ne m'ait autant meurtri, que ce que j'ai enduré pendant cette tranche de vie en enfer.

En me confiant à nouveau à mes grands-parents, mes géniteurs qui, à ma grande satisfaction, s'éloignaient quelque peu de nous, m'avaient inscrit en qualité de pensionnaire auprès de l'institution religieuse Saint Jean Baptiste De La Salle en Avignon. Je dus donc me soumettre à ce nouveau dictat et fréquenter cet établissement privé dirigé par des Frères. Là encore, j'allais voir mes habitudes quelque peu bousculées. J'allais devoir me soumettre aux nouvelles règles de discipline et découvrir d'autres principes éducatifs. Les nombreuses et sempiternelles prières répétitives que je jugeais contraignantes, fastidieuses, et d'une totale inefficacité furent ce que j'ai abhorré le plus. Au même titre que les fables de La Fontaine, nous devions rabâcher, les Notre Père, les Ave Maria et autres par cœur, même si ce dernier n'en était point le siège.

Tous les matins, le frère Paul nous réveillait en tirant sur la corde de la cloche qui nous vrillait les tympans. En grandes bousculades perlées de rires et de cris, nous nous précipitions chacun muni de son nécessaire de toilette et de sa brosse à dents, vers les sanitaires où étaient alignés des lavabos en grand nombre. Dans ces grands locaux qui n'étaient pas très bien chauffés, nous claquions souvent des dents, et nos jeunes poils s'hérissaient sous l'effet d'une véritable chair de poule. C'était très certainement la raison pour laquelle nous ne tardions pas après notre toilette rapidement expédiée. Une fois propres et correctement habillés, nous descendions au réfectoire pour y prendre notre petit déjeuner.

Mais avant de faire état de mes souvenirs sur le réfectoire et du quotidien de ce pensionnat, je tiens à revenir un instant sur les évènements troublants qui se sont déroulés au sein de ce dortoir. Le frère Paul qui avait pour charge de présider à notre coucher, veiller à maintenir le calme pendant la nuit, et nous réveiller très tôt le matin, assurait ses fonctions depuis sa cellule qui n'était autre qu'une alcôve, un espace très réduit ouvert dans la cloison et occultée par un simple rideau épais de tissu noir qui l'isolait de nous.

Alors qu'il nous pensait certainement tous endormis, j'avais remarqué qu'il venait fréquemment chercher mon voisin de lit pendant son sommeil. C'était un garçonnet de mon âge, très gentil et même très mignon de visage. Il était fin comme une fille, mince, pas très grand, les yeux clairs et blondinet de surcroît. Un petit angelot ! Sans le réveiller, le Frère Paul le prenait dans ses bras et, le tenant délicatement contre sa poitrine, il l'emmenait dans sa cellule. Tout s'emmêlait dans mon esprit. Pour quelle raison venait-il chercher mon petit voisin de lit pour l'emporter dans son alcôve, alors que nous avions reçu l'interdiction formelle d'y pénétrer sous aucun prétexte ?

Intrigué, et plus encore animé par la curiosité comme peut l'être un jeune enfant, j'en ai aussitôt informé quelques-uns de mes voisins de lits qui n'étaient pas plus éclairés que moi. Nous nous interrogions.

- Qu'est-ce qu'il fait avec ce pion ?

- Il est très malade tu crois ?

- Certainement, pour quelle autre raison le Frère Paul viendrait-il le chercher ? Il a sûrement besoin de prendre quelques médicaments à des heures régulières.

- S'il s'agit de médicaments, le Frère Paul pourrait bien les lui donner au lit.

- Certainement qu'on ne doit pas savoir ce qu'il a !

- C'est peut-être grave !

En fait, malgré toutes les conjectures envers lesquelles nous nous sommes livrés, nous n'avons jamais été satisfaits par une explication vraiment satisfaisante, et les nombreuses visites nocturnes qui ont suivis sont longtemps restées pour nous une énigme non résolue.

Quelques mois plus tard, le pion s'était-il trompé de lit, ou alors, au lieu de se saisir de mon petit voisin de lit, avait-il jeté son dévolu sur moi ? Avec la même délicatesse, il est venu me chercher pendant que je dormais. Il a fait cela avec tant de précautions, que je ne me suis réveillé qu'au moment où le rideau de sa cellule a frôlé mon visage. Les paupières encore lourdes de sommeil et à demi-conscient, je me suis aussitôt interrogé sur cette situation :

- Qu'est-ce que je fais là ? Qu'est-ce qui se passe ?

Sous l'effet de la surprise et de la crainte, je me suis tellement agité, qu'il appliqua aussitôt sa main sur ma bouche afin de prévenir toute manifestation bruyante de ma part, et revint me déposer immédiatement dans mon lit sans prononcer le moindre mot. Tout se passa très vite et se limita à une simple interruption de mon sommeil.

Je fus tellement sous le coup de l'étonnement, que je n'eus aucune réaction violente à son égard. Quand j'y pense aujourd'hui, mes narines encore imprégnées me rappellent l'odeur de sa soutane qui dégageait des effluves de transpiration. Ce fut bien des années plus tard, avec l'expérience de l'âge que je pris conscience de ce à quoi j'avais échappé. j'ai eu connaissance des comportements abjects pratiqués à l'encontre des jeunes enfants, auxquels se livrent bon nombre d'adultes dépravés, et cela, surtout au sein du monde clérical. Le salaud, quand j'y pense, j'enrage ! Quelle abjection ! Que le Dieu auquel il s'adressait en autant de prières, le damne ! Bon nombre de ceux qui dissimulent leur perversité sous des soutanes devraient être enserrés dans des camisoles de force.

Je referme la parenthèse du comportement infâme de ce surveillant de dortoir et reviens à mon récit concernant le réfectoire dont je faisais état plus haut.

Pour y parvenir nous déambulions dans d'interminables couloirs ornés de statues auréolées et placardés de diverses icones du même style. Si l'odeur dominante du café au lait qui se répandait dans ces longs corridors taquinait gentiment les papilles de mes camarades, il en était tout autrement pour moi. Elle avait malheureusement pour effet de susciter en moi des hauts le cœur allant quelques fois jusqu'à une nausée difficile à contenir. Je ne supportais ni cette mixture ni son odeur. Quand nous pénétrions dans l'immense salle du réfectoire, nos yeux se portaient immédiatement sur les Frères qui, assis autour de leur grande table posée sur une immense estrade, siégeaient, trônaient et pouvaient ainsi de leurs places judicieusement choisies, garder un regard toujours vigilent sur nous. Leurs longues soutanes noires qui descendaient jusqu'à leurs pieds et leur deux bavettes blanches qu'ils portaient au col me faisaient davantage penser à des pies bavardes rassemblées autour de leur quelconque nourriture qu'à une réunion d'enseignants prêts à nous inculquer leur savoir.

Pour occuper la place de son choix afin de prendre le petit déjeuner à côté d'un camarade avec lequel on partageait la même sympathie, ici encore, la bousculade était coutumière. Nous avions le ventre creux et la faim nous poussait plus à l'impatience et à la précipitation qu'au calme et à la réserve. Soudain, un coup de sifflet bref et strident retentissait. Il ne fallait rien de plus pour mettre fin au chahut et à la rigolade. Qu'il ait ou non réussi à rejoindre son petit copain, c'était toujours dans le silence le plus complet, que chacun s'asseyait devant un bol.

Ils n'étaient quand même pas tous pervers et méchants ces messieurs en soutane.

Le premier matin, lorsque je pris place face à mon bol de café au lait, je suis resté là, immobile sur la partie de banc que j'occupais, sans toucher à mon petit déjeuner. C'est alors que le Frère Fourcher à la vigilance duquel je n'avais pas échappé, s'approcha de moi et me demanda :

- Que se passe-t-il ? Tu n'as pas faim ? Tu te sens un peu malade ? Tu fais une drôle de mine !

- Non, je vais bien, j'ai même très faim, mais je ne supporte pas du tout le café au lait.

- Attends un instant !

Alors le brave homme légèrement voûté, repartit vers l'immense table des frères recouverte de victuailles et en revint les mains chargées d'un petit plateau abondamment garni. Il me présenta avec une immense gentillesse, un bol de chocolat chaud, de la compote, de la marmelade, de la gelée de groseille, que j'eus le plaisir d'engloutir face à la totale stupéfaction de mes camarades qui n'en croyaient pas leurs yeux. Comblé par la composition de ce premier petit déjeuner, j'ai gouté à tout ce que ce Frère m'avait apporté. Grâce à cette manifestation de bienveillante attention, j'ai toujours eu un petit déjeuner à ma convenance qui me permettait de commencer la journée tout à fait rassasié.

Après le petit déjeuner, nous étions dirigés vers nos salles d'enseignement respectives, où la plupart de mes camarades étaient à même de se soumettre à la rigueur de la discipline et recevoir l'instruction. Je dis la plupart, car cette faculté n'était pas inscrite dans le code génétique de certains dont j'étais bien évidemment du nombre.

Je n'ai pas de très bons souvenirs du temps que j'ai passé à lustrer mes fonds de culottes sur les vieux bancs de bois des différentes écoles que j'ai fréquentées. Le Frère Souche, notre maître d'école, ainsi qu'on les nommait à l'époque, était très sévère. C'était un homme qui paraissait complexé, peut-être aurait-il préféré exercer dans un autre domaine que celui de l'enseignement? Il voulait sans cesse se donner de l'importance et se complaisait à livrer une sacrée bataille à cette bande de chenapans qu'il avait chaque jour devant ses yeux. Il ne badinait ni avec la discipline, ni avec le manque d'application que nous manifestions à écouter, à apprendre et à accomplir notre travail. Constamment distrait et dissipé, j'ai reçu les punitions qui s'abattaient sur moi avec une extrême fréquence. Je ne cessais de penser que j'aurais été mille fois mieux à la maison avec les câlins de mes grands-parents. Je souffrais aussi de ne pas pouvoir bouger, courir, jouer, rire et me distraire. J'en avais les fourmis dans les jambes et les pieds qui manifestaient un grand besoin de se dégourdir. Je n'ai jamais été de ceux qui peuvent rester tranquilles un long moment sans m'agiter. Je pense que beaucoup d'enfants pleins de vie sont comme celui que j'ai été, et qu'il leur est également insupportable de rester immobiles en classe. Tout ceci pour dire que l'instituteur m'a souvent imposé de prendre la porte. Alors, je le maudissais profondément en maugréant une expression qui pouvait être assimilée à : Qu'il aille au diable !

Rien ne me faisait penser que j'étais moi-même un petit démon. Indocile en permanence, je me comportais souvent comme un révolté. Mes pitreries ainsi que ma nature peu discrète ne manquaient pas d'attirer l'attention de notre enseignant. Alors, la punition s'abattait sur moi comme la misère sur le pauvre monde. Malgré cela, rien ne me dirigeait vers une quelconque amélioration de mon attitude. L'indiscipline nourrie de mes singeries se renouvelait au quotidien.

Tout ce que j'avais subi et enduré au cours des trois années qui avaient suivi mon arrachement à mes grands-parents, était sans aucun doute l'élément moteur qui suscitait en moi cet esprit de rébellion. La turbulence provocatrice que je manifestais, n'était qu'un exutoire éphémère qui me permettait de soulager mon esprit de révolte permanent. Outre mes pitreries, j'employais mon temps à me reposer paresseusement, les oreilles douillettement caressées par la voix de notre instituteur, que je percevais comme un doux et lointain ronron.

Lors de la récréation, nous jouions à la cassette. C'était un jeu de billes où l'on se risquait à miser quelques petites pièces de monnaie. Une telle pratique était bien sûr strictement interdite, mais, nous nous cachions pour nous y divertir malgré les risques encourus. Ce qui nous excitait, c'était assurément plus l'incitation à déroger à la discipline que le plaisir et l'intérêt dégagés par une simple attirance ludique. C'est tellement meilleur lorsque c'est défendu. Chaque camarade, à son tour, avait pour mission de faire le guet avec un air innocent et détendu pour surveiller les environs. Pour nous livrer à ce délit, nous avions établi nos petites réunions clandestines dans un petit recoin de la cour que nous privilégions pour sa discrétion. C'était également une bonne planque pour les grands qui n'hésitaient pas à venir avec nous. Ces grands, qui avaient largement dépassé l'âge de jouer aux billes, partageaient notre refuge pour griller goulument une tige de sept comme ils se plaisaient à dire. Ils crapotaient vite fait leur cigarette, se la passaient de l'un à l'autre à la sauvette et n'oubliaient surtout pas de plastronner devant nous en rejetant la fumée par leurs narines.

Un jour évidemment, j'ai voulu faire comme eux. Assis tout près du poêle, au fond de la classe comme le sont souvent les élèves rebelles, j'ai allumé une tige de bois à fumer et, au lieu de la laisser se consumer toute seule, je l'ai portée à ma bouche pour en tirer une bouffée. Mal m'en prit, j'ai failli étouffer. J'ai toussé, j'ai craché, j'avais des difficultés à retrouver mon souffle. Mes yeux larmoyaient et mon cœur chavirait. L'instituteur ne pouvait que me cueillir comme un fruit trop mûr prêt à tomber. C'est ce qu'il fit, en me traitant d'imbécile, de nul et de petit monstre, le tout assaisonné d'une sanction bien dosée, du style : pas de sortie ce week-end. Ben voilà, j'étais de nouveau en retenue, mais la punition qui me faisait râler sur le moment, ne me servait en rien d'avertissement, car, lorsqu'une nouvelle fantaisie germait dans mon esprit, rien ne s'opposait à ce que je la mette en pratique. J'allais jusqu'au bout malgré les châtiments qui se succédaient à un rythme infernal.

Une occasion annuelle seulement nous était accordée pour nous distraire un peu au sein de cette pension. C'était lors de la fête de Saint Jean. En fin de soirée, dans la grande cour de récréation, étaient allumés d'énormes feux que les grands franchissaient, acclamés par des hourras enthousiastes vociférés par les moins hardis. C'était une véritable ambiance de stade. Les énormes flammes échauffaient tant nos visages que nos esprits, nous laissions éclater notre joie qui débordait en cris et rires bruyants et communicatifs. Cette fête-là qui passait malheureusement trop vite, nous imprégnait d'un plaisir très intense, et suscitait en nous un délire tel, que nous en faisions provision pour tenir le coup le reste de l'année scolaire. Il ne faut pas oublier que pendant de longs mois nous étions emmurés au sein de cette institution religieuse, retenus prisonniers sous le joug lourdement pesant de nos rigoureux enseignants. On comprend alors combien la moindre manifestation festive prenait de l'importance dans cet univers plutôt teinté de sérieux et de morosité.

La rentrée scolaire qui suivit, je fus rejoint dans cet enfer par mon frère cadet André. Je me disais qu'à deux, le fardeau serait peut-être moins difficile à supporter. De plus, par son arrivée, je me suis aussitôt senti investi par des qualités d'ancien me donnant à penser que je possédais une position qui m'autoriserait à lui prodiguer quelques sages recommandations. Hormis cette promotion imaginaire, sa présence ne m'a cependant rien apporté de plus. Mon frère détestait autant que moi cet établissement, le seul mot « pension » le terrorisait ; il bougonnait sans arrêt. Il était souvent triste, dans la crainte, et ses yeux étaient plus souvent larmoyants que pétillants de malice et de bonheur. Cependant, bien qu'abhorrant ce genre d'établissement, il se soumettait scrupuleusement à la discipline et obtenait ainsi les permissions de sortie chaque fin de semaine alors que je restais consigné le plus souvent tout le week-end ou quelques rares fois le samedi seulement. Bien qu'issus du même « arbre », nous n'étions décidément pas faits du même bois. Tandis que je serrais les poings et me révoltais, André geignait mais se soumettait.

André eut ce même comportement une année plus tard, lorsque nous fûmes punis par la «mère fouettarde» qui, pour nous faire comprendre que la vie était vraiment une tartine de merde, nous avait placés chez des fermiers pendant une partie des grandes vacances. Pendant un mois, nous devions garder les vaches. Ce travail qui pourtant n'était pas une épreuve franchement insurmontable, déplaisait fortement à André qui se livrait chaque jour à une comédie incroyable. Il se lamentait, pleurait tous les soirs et réclamait tant et si bien qu'on vienne le chercher, que nos procréateurs sont venus le récupérer et l'ont conduit chez notre grand-mère maternelle. Heureux d'avoir obtenu ce en quoi il espérait tant, il a pu se délecter jusqu'au dernier jour des vacances.

Quant à moi, toujours avec ma même tête de cochon, j'ai continué mon travail de garçon vacher dans cette ferme jusqu'à quelques jours précédant la rentrée scolaire.

A force de nouvelles jérémiades incessantes, André fut définitivement retiré de cette pension religieuse, il m'abandonna en me laissant pour uniques compagnons et soutiens, mon indiscipline et mes grands coups de gueule.

Lorsque, très rarement, je n'étais pas puni et privé de sortie le week-end, j'avais l'immense joie d'être avec mes grands-parents pendant ces deux jours, à mon sens bien trop courts. Je parvenais, comme par magie, à chasser tous mes ennuis et mes tracas grâce à l'affection sans limite qui m'était prodiguée. Quand le dimanche arrivait toujours trop rapidement en fin d'après-midi, il me semblait chaque fois que le week-end venait juste de commencer. Je me blottissais alors sur les genoux de mon grand-père ou de ma grand-mère, mes bras autour de leur cou, mais l'heure de la séparation approchait malgré tout. En réalisant que ma mauvaise conduite à la pension pourrait encore me priver du bonheur d'être dans leurs bras, je pensais alors :

- Pour l'instant, profite un maximum de leur amour, c'est la chose la plus sage à faire !

Je n'étais pas ce Josué, successeur de Moïse qui, selon l'histoire biblique, arrêta le soleil dans sa course afin de terminer et remporter la bataille dans laquelle il s'était engagé. Je n'avais aucun pouvoir sur cette horloge du salon qui sonnait tous les quarts d'heure. Alors, quand arrivait le moment proche du départ, c'était habituel, je ne cessais de m'insurger:

- Mais comment, ce n'est pas possible ? Ce n'est pas déjà le moment de partir ? Encore cinq minutes…

De cinq minutes en cinq minutes, arrivait l'instant où il n'était plus possible de surseoir. Alors, mon cœur se serrait dans ma poitrine. Outre l'énorme peine de quitter mes grands-parents, je sentais monter la révolte et la colère au point de m'envahir, mais je contenais cette boule tout au fond de moi pour ne pas gâcher les derniers moments que j'avais encore à savourer avec mes deux tendres amours.

Il serait toujours temps de m'appesantir sur mon sort dans l'enceinte de cet établissement aussi triste qu'un établissement pénitencier.

Mon grand-père me posait délicatement sur le cadre de sa bicyclette et me raccompagnait. Tout au long du chemin qui conduisait à ma prison, ma tête collée contre sa poitrine, je sentais son cœur qui battait au rythme de ses coups de pédales.

Trois années se sont écoulées semblables les unes aux autres jusqu'au jour où, j'ai enfin pu quitter cette pension si peu sympathique, pour fréquenter un autre lieu d'enseignement. C'est seulement cette année-là que j'ai connu la raison pour laquelle j'avais subi ce long épisode d'incarcération. Ceux qui m'avaient imposé ces trois longues années d'endurance après m'avoir si violemment arraché à mon nid douillet, avaient pris une nouvelle fois la décision de se débarrasser de moi tout en m'ôtant du même coup la joie d'un contact permanent et tendre avec mes chers grands-parents. Tout avait été vraiment fait et minutieusement calculé pour que je sois soustrait à la douceur et à l'affection. Pourquoi un tel acharnement pour me priver de toute tendresse ? Qu'avais-je fait de si mal pour mériter une telle punition ? Etais-je coupable d'être arrivé trop tôt dans leur vie de couple ? Autant de questions que je me suis souvent posées et auxquelles je n'ai apporté aucunes réponses judicieuses pouvant expliquer un tel comportement parental totalement dépourvu d'amour. Fallait-il qu'ils éprouvent pour moi un sentiment de haine pour m'imposer autant de souffrance et de rejet !

Loin était désormais le temps où j'étais conduit à l'école par la harpie, et sous le regard impitoyable de laquelle, je devais faire preuve d'une extrême discrétion pour répondre aux signes d'affection que ma grand-mère m'adressait dissimulée derrière ses persiennes. Je coulais des jours sereins et paisibles dans la maison de ma petite enfance retrouvée. Je menais une vie normale de jeune garçon, entouré et choyé par Parrain et Marraine. C'est ainsi que je les appelais. Ma grand-mère y tenait beaucoup, car pour elle qui était très coquette et portait souvent de très belles toilettes, il lui était très important de ne pas trop afficher sa position d'aïeule. Elle préférait le terme Marraine à celui de grand-mère, mamie ou mémé car ces derniers moins élégants la vieillissaient. Je crois que j'ai toujours compris sa préoccupation et, à l'heure où j'écris ces lignes, alors que j'ai atteint voire dépassé l'âge que ma Marraine avait, je la rejoins plus que jamais sur ce point.

L'externat que je fréquentais ressemblait à beaucoup d'autres, avec son préau, sa cour bordée de classes au plancher de vieilles lattes usées. Je me souviens encore aujourd'hui de l'odeur de l'encre. Je me souviens aussi de la grande blouse grise de notre instituteur qui protégeait son costume en ne laissant apparaitre que sa cravate. Je me souviens également du respect qu'il méritait, contrairement à certains de nos professeurs d'école dont le titre pompeux qu'ils ont revendiqué ne tourmente en rien leur conscience au point d'avoir les cheveux longs mal peignés, une ou plusieurs boucles aux oreilles, les jeans déchirés aux genoux ainsi que quelques tatouages dont certains sont d'un goût plus ou moins douteux. Je n'ai pas oublié non plus mes heures de colle. Et non, je ne m'étais toujours pas aligné dans les rangs de la discipline. Malgré les sages conseils répétitifs de mes grands-parents envers lesquels j'aurais dû faire preuve d'obéissance par respect et amour, je n'en faisais qu'à ma tête bien souvent pour ne pas dire toujours. Hormis l'amour et la tendresse que je leur portais, je n'avais pour le monde extérieur que du mépris et de la haine. Je préfèrerais oublier combien j'étais mal à l'aise dans ces établissements. J'ai tellement été marqué par mon rejet de ces années de scolarité, qu'aujourd'hui encore, mon cœur se serre lorsque je longe les grilles ou les hauts murs qui confinent les enfants dans la cour d'une école comme des prisonniers à l'heure de leur promenade.

Mis à part mon ciel obscurci par tous les épais nuages noirs, j'en appréciais les quelques éclaircies qui me donnaient le soleil au cœur lorsque j'étais avec les deux êtres que je chérissais le plus au monde. Il y avait des tonnes de moments de vie très agréables que nous partagions tous les trois.

Tout au long de la saison théâtrale, nous allions chaque mercredi soir dans la magnifique salle des fêtes que la Mairie d'Avignon mettait gracieusement à disposition. Nous assistions à des représentations lyriques au cours desquelles, les interprètes du bel canto qui faisaient relâche ce jour-là, en profitaient pour faire répétition. Tous ces spectacles donnés à titre gratuit étaient une raison majeure qui motivait mes grands-parents passionnés et peu argentés pour y assister sans puiser dans leur budget. Ils assistaient ainsi à une représentation en faveur des A. T. L. « Amis du

Théâtre Lyrique » dont nous étions membres. Un florilège composé d'airs d'opérettes, et de grands opéras nous était offert. Ce qui ravissait le plus ma Marraine, c'était La Vie de Bohème, La Veuve Joyeuse ou La Belle Hélène mais ce qui la transportait aux sommets de l'enchantement, c'était Carmen, son opéra-comique qu'elle divinisait. Il aurait fallu la voir, bouche bée tombant presque à genoux devant tous ces ténors et cantatrices qui faisaient vibrer la salle entière de leur puissante voix. Pendant que ma Marraine se laissait emporter par le flot des notes, mon Parrain, sans doute sous le charme lui aussi, mais d'une manière bien différente, glissait peu à peu dans son fauteuil et piquait quelques fois du nez en se laissant aller vers un très court mais bon petit roupillon. Ma Marraine qui ne manquait pas de s'en apercevoir, le réveillait en sursaut d'un petit coup de coude dans le foie, dans la crainte que lui échappe un léger ronflement. J'ai gardé de ces soirées un souvenir à tel point merveilleux, qu'aujourd'hui, je ressens quelques fois l'immense envie de savourer un grand air d'opéra, en conservant tapi au fond de mon cœur, le cliché de ma grand-mère sous le charme et celui de mon grand-père à ses côtés, plus qu'à demi assoupi.

Chaque fin de semaine, nous allions faire les emplettes dans le centre-ville distant de trois kilomètres. Courageusement, nous nous y rendions à pied, c'était heureux et fier entre Parrain et Marraine que je sautillais en leur tenant la main. La longue liste qui avait été scrupuleusement préparée avant notre départ, assurait mes grands-parents d'aucun oubli auprès du petit centre commercial implanté non loin des halles sur lequel ils avaient fixé leur choix et s'y approvisionnaient de façon régulière. Je les accompagnais docilement dans les magasins et m'intéressais à les voir s'affairer, s'activer et choisir le bon article après en en avoir apprécié la qualité et le prix. Une fois satisfaits de leurs emplettes, nous prenions le chemin du retour. Les couffins regorgeant de victuailles laissaient s'échapper une odeur qui réveillait en moi une faim vorace stimulée par la gourmandise. Mon estomac se mettait aussitôt à émettre des gargouillements caractéristiques révélateurs d'une fringale juvénile tout à fait normale. Le physiologiste Pavlov n'en a-t-il pas fait la démonstration au travers de ses expériences ? Mes yeux pétillaient alors que ma démarche devenait de plus en plus nonchalante. C'était ce que l'on a coutume d'appeler un léger coup de pompe.

- Dis donc, mon petit poussin, tu n'aurais pas envie de grignoter quelque chose par hasard ? lançait Parrain.

- Ç'est une bonne idée, renchérissait Marraine, on pourrait mettre un peu de carburant dans la machine, il me semble que les jambes du petit faiblissent un peu.

J'avais tout juste le temps de répondre par l'affirmative, que déjà l'un me tendait, un croissant, l'autre, un beignet aux pommes ou un pain aux raisins.

Nous habitions à une petite centaine de mètres de la voie ferrée. Si pendant mes premières nuits j'avais été régulièrement troublé dans mon sommeil par le trafic, les lâchers de vapeur, les coups de sifflet, à vrai dire, cela ne fut l'affaire que de quelques nuits seulement car, une semaine plus tard, je ne réagissais plus à ce tapage nocturne et dormais comme un loir.

Mon grand-père était un lève tôt. Il partait aux aurores et démarrait sa journée de travail d'un pied toujours très vaillant. Poseur de rails aux chemins de fer, il portait en été, un « Marcel » pour protéger son dos et son torse, et passait ainsi ses journées au grand air fouetté par le mistral et sous le soleil brûlant. Son visage et ses bras étaient si tannés, que leur bronzage affichait un contraste frappant et amusant avec son buste qui aurait pu faire pâlir de jalousie un cachet d'aspirine. On aurait pu croire qu'il s'était dessiné lui-même le tee-shirt sur la peau.

Le proche voisinage des trains et le travail de Parrain ont bercé mon enfance. J'avais comme une tendresse pour ces impressionnantes locomotives à vapeur. J'éprouvais pour elles une telle passion, que j'allais souvent passer de longs moments auprès de La Rotonde, une plateforme de garage et de manœuvres. Oh, ce n'était pas aussi impressionnant qu'à la gare de triage, mais l'intérêt ne manquait pas. J'étais fasciné, je ne me lassais pas d'observer les nombreuses marches avant et arrière. J'étais rempli d'admiration devant les mécaniciens qui s'affairaient, ils ne chômaient pas à cette époque-là. Il leur fallait alimenter la chaudière en charbon, maintenir la pression et conduire simultanément pour présenter les locomotives sur le pont tournant. Les machines qui changeaient de voie dans les courbes semblaient en souffrir en émettant des grincements à percer les tympans. Tous ces mouvements, tous ces bruits souvent amplifiés par de stridents coups de sifflet, constituaient un vacarme qui me comblait de joie. Non content d'y avoir passé la matinée, j'y retournais immédiatement après le déjeuner nonobstant les conseils de Marraine qui me recommandait une petite sieste. Ainsi se déroulait ma journée. Je revenais à la maison le soir, quelques fois aussi noir qu'un cheminot. Ma gueule noire ne manquait pas d'amuser mes grands-parents qui se moquaient gentiment de moi avant de me récurer sous une bonne douche. En les entendant rire, j'éclatais moi aussi et notre joie explosait à l'unisson. Ah, comme c'était bon chez Parrain et Marraine !

Nous allions régulièrement chez « Mémé Bono », mon arrière-grand-mère paternelle. Elle était toujours très alerte alors qu'elle comptait plus de quatre-vingts printemps. Elle était veuve
et vivait seule dans une grande maison qu'elle avait gagnée de ses mains en passant les journées de sa vie active devant sa machine à coudre en qualité de culottière. Elle aimait bien notre visite car, en plus des sentiments qui nous

unissaient, mon Parrain lui donnait un sérieux coup de main pour l'entretien de deux petites parcelles de terrain plantées de vignes. Nous y restions parfois plus que le week-end, cela dépendait de l'importance des travaux tels que les labours, la taille des pieds de vignes ou les vendanges.

Très tôt le matin, mon grand-père allait louer le cheval pour la journée, puis revenait pour me récupérer avant de partir pour le labour. L'animal obéissait à hue et à dia d'une manière exemplaire. J'étais beaucoup plus à ma joie d'être aux côtés de mon grand-père que d'être resté à jouer dans la petite cour de la maison en compagnie d'un jeune voisin. Parrain faisait inlassablement des kilomètres en va et vient derrière la charrue. C'était pour moi, un immense bonheur de voir se dégager de son visage hâlé, le calme et la sérénité malgré tous les efforts qu'il produisait pour réaliser ses travaux champêtres. Après sa dure journée de travail, il me confiait les rênes sur le chemin du retour. Par bonheur, l'animal qui était très docile, connaissait sa route, rien je crois, ne l'aurait perturbé au point de l'en faire dévier. Nous ne risquions même pas de verser dans le fossé à la suite d'un geste maladroit que j'aurais pu avoir. N'est-il pas dit, qu'après une journée de travail, l'âne connaît sa crèche ?

Quelques fois, refusant de me sortir du sommeil trop tôt, mon Parrain quittait seul la maison pour aller accomplir ses travaux à la vigne. J'allais alors retrouver mes chers trains car, non loin de chez mon arrière-grand-mère, il y avait aussi une voie ferrée. C'était un plus que j'appréciais. La voie encaissée était bordée par de très hauts talus qu'un vieux pont reliait. Non loin de ce pont, à cent cinquante mètres environ, un énorme et impressionnant trou noir était l'ouverture d'un tunnel d'environ deux kilomètres. Cette voie ferrée faisait partie de mes distractions favorites. J'y trouvais le moyen de me procurer de fortes sensations et des joies teintées de trouille bienfaisante. Depuis la maison de mon arrière-grand-mère, chaque fois que j'entendais un grondement ressemblant à celui d'un lointain et long coup de tonnerre, je ne perdais pas une seconde, j'abandonnais aussitôt toutes mes occupations et, les jambes à mon cou, je filais comme une flèche pour me mettre en faction sur le haut du pont qui enjambait la voie ferrée. Je savais qu'un train allait surgir du tunnel et ensuite passer sous le pont quelques secondes après. Les jours où j'entendais mon petit voisin jouer dans sa cour dont un simple petit mur de briques mitoyen nous séparait, je lui criais : LE TRAIN, LE TRAIN !

Il n'en fallait pas davantage. Il me rejoignait aussitôt et nous nous précipitions excités l'un comme l'autre pour éprouver ce même plaisir. Dans un bruit infernal, le grand monstre de fer surgissait du tunnel comme un dragon de son antre. L'impressionnant engin n'allait pas tarder à passer à quelques centimètres sous nos pieds. Le tablier du pont tremblait de plus en plus au fur et à mesure que le monstre s'approchait. Nous avions une de ces frousses, mais le plaisir qui en ressortait nous portait au comble de notre joie.

Au fil des jours, les chauffeurs et mécaniciens de leur grosse machine, qui étaient régulièrement affectés à la ligne, n'avaient pas manqué de nous repérer sur notre promontoire. Je crois pouvoir dire sans aucune exagération, qu'ils se sont amusés autant que nous, mais à notre détriment. A chacune de leur sortie du tunnel, ils préparaient sans faillir leur « mauvais coup ». Quand ils arrivaient suffisamment près du pont, leur tête passée par une des fenêtres de l'engin, il nous était facile d'apercevoir leur mine hilarante découvrant leurs dents d'une étonnante blancheur qui contrastait avec leur face noircie de poussière de charbon. A l'instant où ils arrivaient à même sous nos pieds, ils actionnaient l'une de leurs manettes et libéraient en un jet puissant un gigantesque panache de fumée dense et noire qui finissait en volutes dans le ciel bleu.

Situés exactement au-dessus de ce lâcher de fumée nous ne manquions pas d'être revêtus en un clin d'œil d'une belle houppelande qui nous rendait aussi noirs que ces coquins de cheminots.

Chaque fois, plus amusés que surpris par leur geste, nous regardions ces sales plaisantins réjouis par leur farce, disparaître derrière la courbe située après le pont. Plus calmement que nous étions venus, nous retournions à la maison avec nos gueules charbonnées et nos yeux irrités par quelques escarbilles. Nous ne pouvions pas échapper à un sérieux décrassage à grand renfort de savon et de mousse, mais nous étions heureux, satisfaits et comblés, prêts à en remettre une couche dès le prochain passage de l'une de ces impressionnantes et bruyantes locomotives fumantes.

Mes nombreuses balades sur les bords de la voie ferrée m'ont conduit un jour vers une occupation qui joignait l'utile à l'agréable. J'avais remarqué sur les deux bas-côtés de la voie, que de nombreuses canettes vides avaient été jetées depuis les compartiments par des voyageurs peu soucieux de l'environnement. Il ne m'en fallut pas davantage pour que mûrisse en moi l'idée d'en tirer profit. Equipé d'un grand sac de jute, je longeais les ballasts de la voie ferrée et les talus afin de remplir mon sac d'une bonne récolte. Il me suffisait ensuite de me présenter dans les épiceries et auprès des quelques cafés de la place afin de convertir mon butin en quelques agréables petits billets. Cette idée qui s'avérait très rentable me passionnait à tel point, que de nombreuses fois je parcourais des kilomètres, chargé comme un âne. Il m'est arrivé même plus d'une fois, de revenir à la maison les jambes à mon cou, car je n'avais pas prêté attention à l'heure au cours de cette moisson. Cette activité n'a duré qu'un temps car nous basculions peu à peu dans une nouvelle ère, celle d'une société de consommation dans laquelle nous vivons et que nous subissons. Le progrès dit-on ! Ce progrès qui a cru bon devoir remplacer les bonnes et vieilles canettes de verre réutilisables par des bouteilles non consignées ainsi que par de nouveaux emballages jetables en plastique, en carton ou en alu qui, après emploi, sont conglomérés en tas énormes dont la masse polluante encombre et asphyxie notre planète aujourd'hui.

Au cours de mes récoltes de canettes de bière et de soda, je m'étais aperçu que grouillaient des escargots dans les herbes vertes parmi les roseaux qui bordaient cette voie ferrée. L'idée d'exploiter ce filon a également vite germé dans ma tête. Avec la permission de mon arrière-grand-mère, j'ai investi le fond d'une remise pour mener à bien mon projet. Sans hésitation et avec l'appréciable concours de mon Parrain qui n'a pas hésité à me prêter main forte pour la mise en place de cette nouvelle exploitation, nous avons rapidement confectionné quelques cages avec des planches, des clous et du grillage. Après une première ondée, ma cueillette fut abondante. J'ai entreposé mes escargots dans leur nouvelle demeure que j'humidifiais régulièrement. Je les ai nourris avec des déchets de légumes frais accompagnés de fenouil sauvage. Tout ce petit monde se portait bien et grossissait merveilleusement. Je savais que beaucoup de provençaux étaient très friands de ces gastéropodes, et que ceux-ci figuraient aux menus des fêtes de fin d'année. C'est ainsi, qu'à l'approche des fêtes de Noël et du jour de l'an, je remplissais de nombreux sachets d'une douzaine de mes pensionnaires et j'écoulais ainsi rapidement et fructueusement le produit de ma petite entreprise. Avec le résultat obtenu par la vente des escargots, j'ai pu pendant quelques temps engraisser mon petit cochon (tirelire).

Quelques fois, mais plus rarement, mes grands-parents profitaient aussi d'un week-end pour visiter mon arrière grand- tante, sœur cadette de mon arrière-grand-mère. Elle habitait à l'Isle sur la Sorgue, non loin de Fontaine de Vaucluse.

Ces visites ne dégageaient pas le même intérêt pour le jeune garçon que j'étais, car il n'y avait là aucune voie ferrée avec ses monstres de fer à proximité de la maison. Je ne ressentais pas le même plaisir que celui qui m'envahissait chez mon arrière-grand-mère. Seule l'ambiance festive lors de la saison d'été, les joutes qui se s'affrontaient sur la sorgue ne manquaient pas de représenter pour moi une vive attirance. J'avais tôt fait de rejoindre les rives pour assister aux combats qui se livraient sur une eau d'une incroyable limpidité. Les duels truffées de plongeons plus acrobatiques et spectaculaires les uns que les autres, se déroulaient dans une ambiance rythmée par des airs de fifres et de tambourins. Mes grands-parents n'avaient aucune difficulté à m'y trouver quand l'heure du départ avait sonné. Mis à part ces trop rares attractions, je trouvais souvent le temps un peu longuet.

Mon arrière grand-tante nous recevait dans un minuscule mais sympathique salon où ma grand-mère et sa tante papotaient sans discontinuer. Dans cet espace restreint tapissé de photos, de tableaux et lourdement chargé de meubles anciens entièrement recouverts de divers bibelots de valeur, je ne pouvais guère me permettre de bouger comme j'aimais tant le faire au risque de ressembler à un éléphant dans un magasin de porcelaines. Conscient des difficultés que j'avais à rester immobile, mon Parrain n'hésitait pas un instant à me donner une pièce de monnaie et me suggérait d'aller la dépenser au cinéma. Le choix de mon film était vite fait dans ce village où seulement deux salles proposaient leur programme, mais je m'y rendais quand même, histoire de me dégourdir un peu les jambes et dénouer mon estomac. Dès la projection terminée, je retrouvais les deux bavardes installées devant leur tasse de thé vide. C'était le signe infaillible de leur discussion parvenue presque à terme et la fin de leur petit comité que j'appréciais beaucoup.

Nous repartions en fin d'après-midi et mes grands-parents mettaient à profit ce déplacement pour aller effectuer une courte visite de courtoisie à d'anciens voisins qui se trouvaient sur notre chemin du retour. Parrain et Marraine avaient connu ces personnes alors qu'ils habitaient une même maison de village de plusieurs appartements. Je ne peux rapporter cette anecdote gentillette et amusante qui remonte au temps où je n'étais encore qu'un bambin, qu'à la suite du récit qui m'en a été fait bien des années après.

Toute une comédie s'était jouée autour de moi, entre ma grand-mère et son amie la voisine. Lorsque ma grand-mère me servait la soupe, je faisais la grimace comme le font beaucoup d'enfants. Malgré les soins qu'apportait ma Marraine à ne m'en verser qu'une petite quantité, j'affichais toujours la même bouderie. Agacée par mon comportement, ma Marraine usa de subterfuge. Alors que les fins d'après-midi que je passais à jouer chez cette amie, me conduisaient souvent jusqu'à l'heure du diner, ma grand-mère montait au cinquième étage chez Madame la voisine, et apportait la soupe qu'elle avait elle-même préparée.

Une fois que ma petite table était dressée avec une totale discrétion par Marraine qui disparaissait aussitôt après, la voisine s'empressait de m'inviter pendant que la soupe était chaude:

- Viens goûter ma soupe.

Je ne manquais pas de tomber lourdement dans le panneau. Sans aucune grimace, j'avalais tout net le consommé en me régalant comme pas deux et je m'exclamais avec outrecuidance :

- Hum, elle est bonne !

Elles ont dû s'amuser comme des gamines, d'autant qu'après avoir goulûment avalé ma soupe et être descendu chez mes grands-parents, je ne tarissais pas de répéter :

- Tu sais Marraine, ne me donne pas de soupe car j'ai déjà mangée celle de madame Lenoir.

Alors marraine, arborant un air étonné me répliquait:

- Ah, bon ! Et tu l'as aimée cette soupe ?

J'avais la jeune audace de répondre :

- Ho, oui ! Elle est bien meilleure que la tienne.

Trop heureuse de voir qu'elle avait atteint son but par ce stratagème, Marraine se gardait bien de me gronder et de me détromper. Elle se livrait à cette comédie plusieurs fois par semaine. Quelle patience ! Que ne fallait-il pas faire pour un sale gosse capricieux !

C'est dans cette ambiance douillette et chaleureuse que s'est écoulé le temps que j'ai passé en Avignon lors de ce second séjour. J'étais chouchouté à tel point, qu'il aurait été impossible à un enfant goulu de câlins d'en attendre davantage. Et puis, sans que rien ne le laisse supposer, ma vie bascula à nouveau.

Les tourments.

Je ne connus pas les raisons pour lesquelles, mon père, gardien de la paix dans la Police Nationale, avait décidé de quitter Avignon. Peut-être en avait-il assez de régler la circulation intramuros, le mistral violent du Vaucluse lui pesait-il soudainement, ou bien l'ambiance sur son lieu de travail lui était-elle devenue difficile à supporter, ou bénéficiait-il tout simplement d'une promotion de sous-brigadier ? Toute la famille a dû le suivre à Sanary sur mer, magnifique village balnéaire situé entre Bandol et Toulon. Bien entendu, le seul droit qui m'était octroyé par la kapo étant celui de me taire, cela aurait été peine perdue que de manifester quelque opposition. Elle en éprouvait certainement déjà une jouissance extrême sachant pertinemment que, si loin de mes grands-parents, je serais fortement contrarié et soumis à un énorme tourment. Ce fut donc contraint et forcé que j'allais quitter mon havre de paix une fois encore.

Quel déchirement à nouveau ! Dès le jour de notre départ, je me suis renfermé dans une carapace protectrice que j'allais rendre plus épaisse et plus solide chaque jour. Sans ignorer qu'il aurait été malvenu de manifester le moindre mécontentement et plus encore de pleurnicher, je calais au plus profond de moi la peine que j'éprouvais afin de n'apporter aucune satisfaction au malin et sadique plaisir qu'aurait pu éprouver la harpie. Jeune, mais néanmoins solide de caractère, je puisais toute ma force pour m'endurcir devant toutes les épreuves auxquelles je devrais faire face. Meurtri, blessé jusqu'au plus profond de mon âme, j'avais pris la ferme décision de me comporter plus que jamais en rebelle avec une haine qui tapissait entièrement mon cœur. Elle verrait ce qu'elle verrait, je me promettais de ne céder en rien à ses exigences. J'en avais plus qu'assez de subir dans un total état d'impuissance. La révolte grondait dans tout mon être. Ce fut donc dans cet état d'esprit que j'ai vécu quelques années dans le Var, en compagnie de mes deux frères, André et William puis…le tout dernier, venu peut-être par accident quelques années plus tard, Michel.

Nous avons emménagé dans un appartement situé au troisième étage d'une H.L.M. à Toulon. Nous l'avons occupé alors que les travaux de l'ensemble du bâtiment n'étaient pas tout à fait terminés. Des traces de ciment et de plâtre recouvraient le carrelage et les faïences murales. Dès lors, un énorme travail de mise en état de propreté nous fut imposé. Là, nous avons appris ce que récurer voulait dire. Mes frères et moi avons reçu l'ordre de nous mettre illico presto au travail. Sans espoir de laisser notre cadence perdre de son rythme, sans répit, nous avons gratté, poncé, frotté afin d'ôter sur les carreaux et les plinthes, toutes les traces laissées par les maçons peu soigneux. C'était à genoux que nous effectuions notre corvée carreau après carreau. Tout était fait avec une extrême minutie et beaucoup de précautions en veillant à ne rien endommager. Nous devions nous éreinter à la tâche sans piper mot afin d'éviter représailles et sévices à la moindre parcelle de plainte formulée. Nous vivions dans une véritable ambiance de galériens.

Mon frère William qui, de par sa nature, était plutôt inquiet, n'en menait pas large. Il s'appliquait consciencieusement et sans bruit à mener à bien le travail qui lui avait été imposé au niveau des toilettes. Alors qu'avec André, nous nous acquittions de cette même corvée en badinant et sifflotant dans la cuisine, William vint nous rejoindre tout tremblant, complètement paniqué, défait, le visage blême et au bord des larmes.

- Venez voir, c'est la catastrophe ! Je vais me faire massacrer !

Nous l'avons suivi et quelle ne fut pas notre surprise. Il avait à tel point cherché la perfection, qu'il avait fait dans un geste un peu trop vigoureux et non moins maladroit, un tout petit trou dans le plâtre au-dessus d'une plinthe. C'était un tout petit trou de rien du tout, dans un angle des toilettes, qui à vrai dire, était à peine décelable à l'œil nu. Il fallait pour voir cette insignifiante maladresse, se mettre à quatre pattes sur le côté de la cuvette. Ce petit trou ressemblait plus à une chiure de mouche qu'à un trou. Son geste maladroit lui apparut cependant comme une monstrueuse dégradation qui lui causa bien des craintes. Il paniquait pour peu à vrai dire. Il me paraissait pour le moins inconcevable de se mettre dans de tels états pour si peu.

- Ce n'est rien William, non, ce n'est rien, ne t'inquiète donc pas, cela ne se voit pas.

A demi rassuré et quelque peu moins tremblotant, il repartit s'agenouiller dans les toilettes afin de parachever son travail. Pendant ce temps germait dans ma tête une idée peut-être un peu méphistophélique, mais en tout cas bien nécessaire, et dont l'efficacité a été prouvée par la suite. En constatant son désarroi devant sa petite bévue, j'ai immédiatement pensé qu'il y avait sûrement quelque chose à tirer de cette mésaventure. William appartenait à ce genre d'enfants fragiles et impressionnables qu'il est aisé de déstabiliser et de placer sous son autorité. C'est alors que j'ai décidé de garder cet incident en réserve dans ma mémoire pour l'utiliser comme moyen de pression, voire de chantage, dès que l'occasion s'en présenterait. Le plus fort, pour ne pas dire le pire, c'est que je m'en suis servi, notamment pour éviter que William ne rapporte une bêtise que j'aurais pu faire seul ou bien avec la complicité d'André. Par le biais de ce stratagème, nous avons évité bien des corrections. Afin de le ranger à nos côtés, je n'avais qu'à lui susurrer insidieusement :

- Pense au petit trou au-dessus de la plinthe, tu n'aimerais certainement pas que cela vienne aux oreilles de notre chère et douce Folcoche ?

Ces quelques mots étaient suffisants. Je pouvais désormais compter sur un mutisme total qui assurait une entière protection. Tout était bon pour trouver des astuces qui pouvaient rendre notre quotidien un peu moins inconfortable. Nous vivions une telle ambiance de crainte, que notre ruse un tantinet diabolique ne nous paraissait ni cruelle ni méchante, mais plutôt comme une issue de secours, une bouée de sauvetage. Toutes les moindres astuces étaient de mise pour nous protéger. Nous utilisions toutes les ficelles possibles et imaginables pour nous assurer un abri contre les pilonnages nourris d'une hostilité au quotidien. C'était un peu la loi de la jungle, le sauve qui peut, le chacun pour soi. Autant que faire se pouvait, nous mettions tout en œuvre pour pouvoir « survivre » et nous octroyer quelques instants d'apparente semi-liberté, des faux moments de mieux être, qui nous autorisaient tout simplement à mener à bien nos plans et nos combines de gamins.

Je m'entendais superbement bien avec André qui était mon cadet de treize mois. Nous étions sur la même longueur d'onde, et nous étions enclins à nous aventurer vers les mêmes petites bêtises sans rechercher la participation de William qui, avec ses trois années de différence, nous paraissait trop jeune pour cela. Trois ans de différence, c'est presque énorme lorsqu'on est gamins. De plus, son comportement souffreteux, pleurnicheur lié à sa propension à la crainte, amplifiait nos différences et s'opposait aux affinités que nous aurions pu avoir en d'autres circonstances. Il n'était jamais partant pour se lancer dans quelque chose de nouveau et, comme tout, ou presque tout, nous était interdit, il est facile de comprendre que je n'ai pas entretenu les mêmes rapports en totale complicité que ceux partagés avec André.

Le comportement d'André m'échappait cependant quelques fois. Il aimait se réfugier dans un isolement qui semblait le ressourcer. Je l'observais, il s'asseyait à même le sol, les jambes ramenées contre sa poitrine et la tête enfouie entre ses genoux. Il portait son pouce à sa bouche et le suçait longuement en restant ainsi immobile. Cette position qui paraissait le rasséréner avait le don d'exciter la colère de notre gorgone. Elle a tout essayé pour le dissuader de sucer son doigt. Rien n'y faisait, ni l'huile de foie de morue, ni la bouse de vache, ni la fiente de poule, ni le crottin de cheval, ni le fiel de poulet. André s'empressait d'aller tremper son pouce dans de l'eau de Javel et reprenait de plus belle. Je crois que si l'on avait assuré l'impunité à cette garce, elle serait allée jusqu'à l'amputer afin de lui faire perdre cette habitude qui était pour lui comme un asile de paix et sérénité. Imperturbable, André ne s'est débarrassé de cette habitude qu'après sa quatorzième année. C'était son truc à lui pour se réfugier afin d'essayer de trouver une paix intérieure. Le voir se comporter ainsi, m'intriguait et m'amusait à la fois, car je n'avais moi-même aucune manie particulière. Ma haine à elle seule me suffisait pour y puiser tout le soutien dont j'avais besoin, elle était l'exutoire par lequel je laissais s'échapper toute angoisse.

Que dire de cette vie de famille ? Quand j'y pense, j'en ai froid dans le dos. Nous n'avions droit qu'à des réprimandes, des engueulades, des sévices. Nous étions malmenés, méprisés, giflés, sans cesse soumis à la colère d'une femme monstrueusement agressive et méchante. Nous ne recevions aucune marque de tendresse, aucun témoignage d'amour. Chez nous, nous n'embrassions pas, nous ne câlinions pas, je n'ai jamais entendu les mots : Je t'aime. Notre quotidien était constitué d'une succession de craintes à surmonter qui surgissaient sans discontinuer. Loin étaient mes tendres moments passés en Avignon auprès de mes grands-parents. Ils me manquaient tellement !

Ce fut dans ces années à l'ambiance pas très folichonne qu'arriva Michel, mon troisième frère.

Quatre garçons ! C'était peut-être une charge trop lourde pour celle qui les avait mis au monde. Les concevoir, fut certainement porteur de plaisir, mais les élever dans la douceur et l'amour était une autre paire de manches. De nouvelles tâches n'ont pas tardé à nous être attribuées. Sans mot dire, mais non sans maudire en silence, nous avons dû nous y soumettre afin d'éviter la cravache dont les coups cinglants n'auraient pas manqué de nous en cuire, d'autant que cela n'aurait nullement été un problème pour la « mère fouettarde de les donner sans compter.

Ainsi, ce nouveau travail fut réparti entre mes deux frères et moi en une rotation de trois semaines. C'était une véritable entreprise matriarcale bien huilée où le coût de la main d'œuvre n'était vraiment pas pesant. Nous avons ainsi appris ce que signifiait « gagner son pain quotidien à la sueur de son front ». La première semaine, l'un de nous avait pour tâche d'assurer les travaux ménagers : Faire les lits, essuyer la poussière, passer l'aspirateur puis la serpillière, dresser et desservir la table, laver et ranger la vaisselle, et pour finir, descendre la poubelle. Au cours de cette même semaine, un deuxième devait s'occuper du petit frère : Lui préparer ses biberons en prenant bien soin qu'ils soient toujours à bonne température, faire sa toilette entière et le langer. Pendant ce même temps, le troisième d'entre nous profitait de sa semaine de « repos ».

L'odeur des couches sales était vraiment insupportable pour André, il en avait des hauts le cœur. Il me rappelait la répulsion qu'il avait eue, lors de son court séjour auprès des vaches. Beaucoup moins éprouvé que lui par ce genre de corvée, je lui ai aussitôt proposé une modification dans la répartition de nos tâches : En fait, après qu'André aurait accompli les travaux ménagers durant sa semaine, il se substituerait à moi en poursuivant ce même travail durant la semaine qui suivait. En parfaite compensation, je m'acquitterais de ma charge auprès du petit frère durant deux semaines.

Quelle aubaine pour lui, inutile de dire qu'il sauta sur cette occasion avec empressement. Nous avons donc scrupuleusement respecté ce nouvel organigramme bien établi sans avoir été soumis à une opposition de la matrone. Ainsi, après deux semaines de travail respectivement accompli, chacun avait sa semaine de repos C'est dire que cette semaine de R.T.T. (Repos de Tout Travaux) était grandement appréciée et nous permettait de souffler un peu.

Revenir à la maison après la sortie de l'école représentait pour nous un véritable calvaire. Nous ne savions jamais à quelle sauce nous allions être mangés. Nous avions donc établi une règle : chacun de nous avait à tour de rôle, la désagréable charge de présenter le premier le bout de son nez dans la tanière du fauve. Nous étions rôdés et nous avions vite fait de comprendre quel serait notre lot. L'air joyeux que nous avions tous les trois sur le chemin du retour disparaissait soudain pour laisser place à la crainte. Le seuil franchi, nous avions tôt fait de nous mettre au diapason. Le vestibule était pour nous comme une pièce de transition, tout le contraire d'un caisson de décompression. Pendant que nous chaussions nos pantoufles et quelques fois les patins, nous avions tôt fait de deviner l'ambiance.

Alors que William lançait :

- Holà, Attention ! Aujourd'hui, ça pilonne dans tous les sens!

André qui ne manquait pas d'humour surenchérissait :

- Oui, le temps est à l'orage, la mère est agitée !

Alors, j'en rajoutais en disant :

- Agitée ? Tu veux dire démontée, déchainée ! vite aux abris !

Avec une mine de circonstances, nous ne faisions que passer, et, en rasant presque les murs, nous regagnions notre chambre. Seules quelques rares exceptions où l'ambiance était moins tendue, nous permettaient d'apprécier un semblant de décontraction.

J'ai essuyé bien des scènes et bien des empoignades. Une de celles qui m'ont le plus marqué, se passa un jour où, je ne sais plus pour quelle raison, la mégère me poursuivait dans tout l'appartement. Afin d'échapper à cette furie, je fuyais en courant devant elle, en décrivant des circonvolutions d'une pièce à l'autre et autour de la grande table de la salle à manger. Je filais comme une flèche dans le couloir, traversais le séjour et franchissais le salon, je détalais si vite, que je me cognais aux arêtes des murs et cloisons sous un orage violent d'insultes et de menaces que me lançait la mégère en vociférant :

- Viens ici, espèce de sale conard ! Tu vas déguster ferme, tu t'en souviendras de celle-là !

Sa colère était au comble. Malgré la douleur que je ressentais à l'une des épaules meurtrie par les coups contre les murs, et ma respiration qui, plus par la crainte que par l'effort, devenait haletante, je poursuivais ma fuite avec le souci de maintenir constamment une distance respectable entre nous.

- Qu'est-ce que c'est que ce Jean Foutre qui se taille et qui n'obéit pas. Attends que je t'attrape misérable con. Viens ici, je te dis ! Viens ici fils de cons !

Pendant qu'elle s'égosillait à me gratifier d'une bordée d'injures, je me moquais totalement de ce qu'elle déversait en meuglant. Je riais intérieurement car mon esprit s'était fixé sur les mots « fils de cons ». Je trouvais cette expression tellement ridicule avec son effet boomerang. Je me disais qu'en fait je n'étais qu'un fils de cons mais qu'elle était la conne. C'était à tel point excitant, que rien n'aurait pu me sensibiliser au point de me soumettre. Elle pouvait bien continuer à gueuler et même cracher ses amygdales que je ne lui aurais pas obéi pour autant. Je fonçais droit devant, je courais comme si le diable était à mes trousses. L'agilité avec laquelle je me déplaçais me permit de croire dans ma petite tête de gosse, qu'elle ne réussirait jamais à mettre la main sur moi. Après quelques instants de course folle, réalisant qu'elle ne parviendrait pas à me saisir de cette manière, la sale garce a eu l'idée de pousser le canapé contre une porte afin d'en bloquer le passage. Il lui suffit d'attendre tranquillement la fin de ma dernière révolution.

Le scénario n'a pas failli et s'est déroulé selon ses plans sataniques. A l'instant même, où mon front et mon nez vinrent s'écraser contre la porte derrière laquelle la barricade avait été dressée, elle se précipita et se jeta sur moi en m'empoignant avec une force décuplée par la haine. Triomphante et réjouie comme si elle venait de réaliser une prouesse, elle était pitoyable à voir. Tenu prisonnier entre les serres de ce véritable oiseau de proie, j'étais devenu une prise à sa merci. Comment m'en libérer ? Impossible ! Elle avait une sacrée poigne la garce !

- Ouvre la porte du balcon, a-t-elle braillé en direction d'André qui assistait terrorisé à la scène. Il était tellement effrayé qu'il semblait tétanisé. On aurait dit qu'il ne comprenait pas ce qu'elle venait d'aboyer. Elle répéta, folle furieuse:

- Ouvre, je te dis, espèce de petit con.

J'ai pensé soudain : Tiens, mon frère n'est seulement qu'un petit con ! De plus, il semblerait qu'elle ait progressé, et qu'après réflexion mon frère n'était pas un « fils de cons ». Mais voilà que soudain je n'étais plus seul maintenant, mon frère venait de grossir le rang des cons. Bienvenue au club ! En larmes, il a ouvert la porte à mille lieux de penser ce à quoi voulait se livrer notre kapo. Après avoir écarté d'un geste brusque les sous-vêtements qui étaient étendus sur la corde à linge, elle me souleva avec la même aisance que celle avec laquelle on soulève un petit sac de noix. Après m'avoir déposé quelques secondes sur la balustrade, elle me prit à bout de bras et me maintint dans le vide. Peut-être a-t-elle été animée un instant, par l'envie diabolique de me lâcher ? Ce n'est pas bien haut un troisième étage, mais jeune garçon, je le voyais encore plus haut et j'avais l'impression d'être suspendu à plus de vingt mètres du sol.

André, totalement paniqué essayait de la raisonner, il craignait tellement qu'elle me tue ou me mette en miettes, que les mots qu'il prononça furent d'un non-sens total :

- Arrête, maman, arrête, je te pardonne !

Se substituant à moi, il voulait lui demander pardon, mais il bafouilla tellement qu'il ne réalisa même pas qu'il n'avait pas construit sa phrase correctement. Sa panique fut telle, tant devant la scène que sous la crainte de recevoir lui aussi une volée, que cela lui ôta tous ses moyens. Mais la bête avait déjà une proie sur laquelle elle pouvait se faire les crocs. André eut de la chance cette fois d'échapper aux griffes. Un animal sauvage en quête de prise, ne court jamais derrière deux proies en même temps. Après son bafouillage, André s'effondra et éclata en gros sanglots que sa gorge trop serrée par la frayeur, ne pouvait plus contenir.

Pendant un temps qui me parut une éternité, j'étais toujours suspendu dans les airs, immobile et surtout muet pour ne laisser entrevoir aucune panique qui aurait donné trop de satisfaction à cette folle. Que faire contre un être d'une telle violence dont l'agressivité est sans limite ? Les lèvres pincées, je n'ai émis aucune plainte, prononcé aucun mot, je me suis refusé de lui accorder une jouissance diabolique en savourant ma peur. Je subis en silence ce cauchemar tout en la maudissant du plus profond de mon être. Je la fixais avec des yeux secs et mauvais, car je savais qu'elle détestait mon regard inflexible. Elle m'a secoué, invectivé, puis, comme je ne laissais toujours percevoir aucune crainte qui aurait pu trahir ma panique, sa colère qui était arrivée à son plafond retomba peu à peu. Pensant je le suppose, qu'elle m'avait mâté, elle m'a reposé sur le sol du balcon avec des gestes plutôt calmes qui ne lui ressemblaient pas. On aurait pu penser qu'elle avait oublié l'acte auquel elle venait de se livrer, ou bien, la raison lui revenant, qu'elle se rendait compte de la gravité de son emportement. Elle esquissa ensuite un mouvement qui me fit penser qu'elle voulait m'embrasser. Ah non ! C'en était trop pour moi, le grand air m'avait grandement suffi. Essayait-elle d'effacer son geste ? J'étais certain du contraire et convaincu d'une totale mise en scène hypocrite.

J'ai fui, comme on fuit la peste. Aussitôt, je suis allé rejoindre André qui était toujours en pleurs. Je l'ai consolé de sa peine

- Ne t'inquiète pas, allez, tu verras, un jour tout ira mieux.

Je tentais de le rassurer avec toute la conviction qu'il fallait afficher dans ces moments difficiles. Je souhaitais tant qu'il perde son visage tourmenté et qu'il retrouve son agréable sourire.

- Tu crois ? Me dit-il, d'une voix toute faible et tremblotante, toujours oppressé par des sanglots qu'il n'avait pas encore évacués.

- Mais oui, c'est sûr, un jour tout sera terminé, on ne se fera plus engueuler, et on ne recevra plus de raclées, une telle situation ne peut pas durer éternellement, tu verras. En attendant, au lieu de laisser paraitre ta peine et ta peur, montre de l'indifférence voire de la haine, tu en ressortiras bien plus fort.

Par les paroles consolantes que j'adressais à André, je misais également sur ces mots que je prononçais pour doper mon propre moral.

Nous étions bien tous les deux, assis l'un près de l'autre à nous délester de nos tourments. Nous nous étions réfugiés dans notre chambre, là où il nous semblait être à l'abri de toute tempête. Le danger semblait être écarté pour l'instant au moins, nous savourions le calme, mais nous savions que d'une minute à l'autre tout pouvait ressembler à nouveau à un champ de bataille. Tout pouvait exploser sans crier gare, c'était en permanence comme un bâton de dynamite dont la mèche hypersensible pouvait s'enflammer à la moindre étincelle. A la plus minuscule flammèche, nous étions bon pour la déflagration, et là ? Boum ! C'était à nouveau le sauve qui peut ! Il valait mieux rester à l'écart et se faire oublier. Malheureusement, des refuges et des abris sûrs, nous n'en disposions d'aucun. La plupart du temps il nous fallait endurer, subir et même avaler les fruits aigres et acides des emportements de cette « Folcoche ». Je vous salue au passage Monsieur Bazin et vous rends hommage pour « Vipère au poing ». Chez nous, notre quotidien était souvent bien pire que ce que vous décrivez dans votre récit. C'était bien triste.

Lors d'une fin d'année scolaire, quelle ne fut pas ma surprise lorsque je fus récompensé au cours de la distribution des prix. Qu'avais-je fait de si remarquable ? Mystère ! Ce n'était sûrement pas pour me féliciter sur ma bonne conduite compte tenu des punitions et des heures de colles dont je faisais la collection. J'avais peut-être, sans le vouloir particulièrement, fait preuve d'un peu plus assiduité cette année-là par rapport à l'année précédente. L'école m'avait-elle décerné une récompense pour m'encourager dans cette bonne voie ? Bref ! Je suis revenu de l'école, fier comme Artaban avec un livre sous le bras. Ce jour-là, le Roi n'était pas mon cousin, dans ma tête, j'étais le Roi lui-même. En qualité d'aîné, je me régalais de voir l'admiration dans le regard de mes frères. Le prix qui me fut attribué n'était pas un recueil de poèmes, ni un dictionnaire, non ! C'était un album de Tintin : Le Temple du Soleil. Je bichonnais mon trophée, le lisais et le relisais au point d'en connaître tous les moindres détails par cœur. Un tantinet turbulents et chahuteurs, chaque soir, nous nous précipitions sur cet unique album et nous nous querellions gentiment pour être le premier à savourer le privilège de le feuilleter à nouveau. Nos chamailleries répétitives devenaient un rituel. Évidemment, arriva ce qui devait arriver. Au plus chaud de notre sempiternel petit mais gentil litige, la gorgone fit irruption dans la chambre et s'empara de ma chère bande dessinée. Avec son air méchant et son esprit mesquin, elle nous arracha l'album des mains d'une violence inouïe et, avec la même aisance que possèdent ces hommes de foire qui déchirent en deux un jeu de cartes à jouer ou un annuaire téléphonique, elle réduisit l'album en pièces qu'elle jeta violemment sur le carrelage. En aucune manière nous ne pouvions lui opposer une quelconque résistance et tenter de sauver notre unique bouquin. Avec une profonde tristesse, nous avons regardé un instant les pages et la reliure rageusement déchirées éparpillées sur le sol de notre chambre. Nonobstant notre tristesse, nous avons été contraints de ramasser tous les débris épars et de les jeter à la poubelle. Ce fut ainsi que nous fûmes privés de toute lecture car nous ne disposions d'aucun autre écrit hormis les livres scolaires. Chez nous, pas de livres d'aventures ni de bandes dessinées. Cette littérature ne nous était pas destinée, alors que cette furie ne se privait point d'être abonnée afin de recevoir hebdomadairement des revues telles que « Nous deux, Intimité et autres publications du même type pour se plonger dans la lecture de romans à l'eau de rose.

Pour me martyriser tout était prétexte pour la mégère, elle y prenait un plaisir diabolique. J'étais sa bête noire, le vilain petit canard ! Nous ignorions souvent par quelle mouche elle venait d'être piquée. Nous devions rester sans bouger et totalement muets jusqu'à ce qu'elle veuille bien daigner nous poser une question pour nous sortir de ce silence imposé.

Plusieurs années se sont écoulées dans cette atmosphère de jungle. Tour à tour, mes frères ont quitté l'enseignement primaire et se sont dirigés vers une école professionnelle. Pour eux, c'était un premier tournant, un premier pas vers une piste d'envol qui leur ouvrirait tout grand les grilles leur permettant d'échapper aux serres acérées de notre oiseau de proie. Ils étaient heureux d'apprendre le métier de leur choix et d'entrevoir au travers de celui-ci, la certitude de pouvoir subvenir à leurs besoins futurs et connaître enfin la sérénité. André s'est tout d'abord orienté vers le métier de menuisier ébéniste, et William, vers celui de tapissier décorateur, quant à moi, la seule chose qui m'importait avant tout, était de sortir de l'antre de ce fauve. Mon désir de devenir maçon a immédiatement été rejeté. Forte de savoir cela et afin de me convaincre que ce métier n'était qu'un métier de bons à rien pratiqué par des broques selon le vocabulaire qu'elle utilisait souvent, la mégère ne s'est jamais privée de le dénigrer sans cesse :

- Si tu ne travailles pas à l'école, tu ne seras qu'un maçon, un bon à rien.

- Es-tu bonne à quelque chose toi-même, mis à part meugler et cogner ?

Vlan, une baffe magistrale méritée sans doute pour mon arrogance.

- Tu ne seras pas maçon, on ne va pas à l'école secondaire pour faire le maçon.

- Je peux tout de même choisir le métier qui me plait ?

- Tu exerceras le métier qu'on t'indiquera.

J'étais bien jeune encore et n'avais qu'une vision floue de la vie future. Le seul but qui revêtait de l'importance à mon sens était celui d'atteindre l'âge de dix-huit ans afin de pouvoir fuir et panser mes plaies ouvertes causées par les crochets de la vipère ; me préoccuper d'un quelconque avenir professionnel n'effleurait même pas mon esprit, j'aurais tout le temps d'y réfléchir sans m'y diriger avec précipitation. En attendant, je subirais en silence les assauts réitérés de cette harpie et prendrais mon mal en patience. Je savais que ma route serait encore longue, peu sûre et jonchée d'énormes embuches, mais, fermement endurci par les épreuves passées, ma solide force de caractère et ma volonté de réussir, me confortèrent dans ma décision et me donnèrent non seulement le désir fou de résister, mais aussi et surtout, l'assurance d'aboutir sur une victoire triomphale et d'en jubiler de plaisir.

Mes frères à l'apprentissage de leur métier, et mon père à son travail, elle s'en prenait souvent à la seule proie qui lui restait sous les griffes. Moi, évidemment ! Les jours où je n'étais pas en classe, je savais à quoi m'attendre. Comment ne pas me souvenir de cette fois où elle me saisit et me traîna par les cheveux jusque dans la salle de bain et se mit à me cingler le visage avec un gant de toilette mouillé. Je n'avais rien fait de particulièrement répréhensible ce jour-là. Son geste fut dicté par une énorme jalousie maladive et rancunière qu'elle entretenait à l'encontre de ma grand-mère, et surtout, à cause des sentiments profonds que j'éprouvais pour elle. Tout en portant ses coups sur mes joues, elle les accompagnait de questions:

- Qui aimes-tu le mieux, ta grand-mère ou moi ?

La fixant alors droit dans les yeux, je répondais:

- Marraine !

Avec le même regard que celui d'un chasseur à l'affût, elle me fixait avec l'espoir de voir couler des larmes, mais de mes yeux secs, je soutenais son regard sans pour autant détourner ma face pour me protéger des coups qui pleuvaient sans discontinuer. Plus je lui tenais tête, plus sa colère grandissait. Je suivais sa haine qui, degré par degré déformait les traits de son visage.

- Allez, espèce de con, dis-le que c'est moi que tu préfères et pas cette vieille salope.

Les mots que j'entendais me faisaient très mal, mais je ne laissais rien paraître.

- C'est Marraine que j'aime. C'est elle qui m'a donné l'amour qu'un enfant est en droit de recevoir d'une mère ! Toi, tu n'es qu'une génitrice biologique dépourvue de tout sentiment d'amour.

Jamais au grand jamais, même sous des coups plus rudes, je ne lui aurais accordé le plaisir sadique de croire un seul instant que le moindre de mes sentiments de respect et d'amour puisse lui être adressé.

Excitée par les paroles que je n'avais pas prononcées sans but, elle reprenait alors de plus belle les volées de gifles avec le gant mouillé, jusqu'à ce que mon nez laisse apparaitre quelques traces de sang. A la vue du sang, elle se calma un peu. Tirant profit de ce moment de légère accalmie, je lui dis un jour :

- J'irai te dénoncer à la police.

A ces mots, la mauvaise sorcière changea de tête, je venais de marquer un point. J'avais réussi à tourmenter la bête. Je parvins même à en dégager une sensation jubilatoire. Elle était dans ses petits souliers la garce, elle n'était plus aussi certaine de son impunité. Elle réalisa soudain que si je m'avisais d'aller tout raconter aux forces de l'ordre, elle aurait probablement de sérieux ennuis. A l'époque les enfants n'étaient cependant pas informés sur leurs droits, et j'ignorais à quel point une telle plainte aurait pu changer bien des choses dans ma vie et celle de mes frères. J'avais lancé cette phrase en l'air comme pour lui flanquer la trouille, et surtout, pour qu'elle arrête de me torturer, mais loin de moi était l'idée de pouvoir donner suite à mes paroles. Je crois qu'un enfant reste toujours prisonnier de l'autorité première qui est celle de ses parents et que la crainte lui interdit toute démarche. Elle se calma aussitôt, éponge mon visage, posa le gant mouillé sur le bord du lavabo, et d'une voix qui à s'y méprendre, aurait pu paraître gentille, me dit :

- Ne dis rien à ton père ce soir quand il rentrera, tu vois, c'est fini, je ne suis plus en colère.

Elle fit mine de vouloir m'embrasser, simulant quelque remords. Pendant qu'elle se livrait à ses simagrées auxquels je n'étais point dupe au point d'y accorder une sensibilité, je suis resté sans réaction lui donnant l'impression qu'elle tenait un pantin de chiffon entre ses mains. Rien ne m'ébranlait, ses étreintes hypocrites ne pénétraient pas l'épaisse carapace que je m'étais forgée.

Lorsque je présentais les notes portées sur mon carnet scolaire, j'étais le seul maintenant à affronter le dragon. Lors d'une fin de trimestre, sur le chemin qui menait à la maison, mon esprit était pour le moins tourmenté. Les résultats que j'avais obtenus, mais plus encore les observations manuscrites des différents professeurs n'étaient pas pour m'ouvrir vers la tranquillité. Je passais mon temps à essayer de me convaincre qu'en fait tout n'était pas si mal et, qu'ayant connu pire dans le passé, je pourrais me sortir de cette situation sans trop de difficultés. Je revoyais dans ma tête, l'une après l'autre, chacune des annotations qui, me semblait-il, loin d'être satisfaisantes n'étaient cependant pas catastrophiques. Il est vrai que je n'avais fait aucun effort et que j'avais pris un malin plaisir à farnienter plutôt qu'à bûcher. Comme dab en fait ! Mon pas était lent, et mon visage certainement allongé, j'étais écrasé par des pensées peu joyeuses qui me faisaient entrevoir ce à quoi il me serait impossible d'échapper. La progression de mon appréhension était indirectement proportionnelle à la distance qui me séparait de l'antre de Satan. Mon carnet de notes allait être le détonateur pour une nouvelle scène explosive dont j'allais devoir en payer le tribut. Afin de me rassurer, je ne cessais de me répéter :

- Mes notes ne sont pas si mauvaises que ça, je pense que ça ira. Oui, ça devrait passer sans trop de dégâts.

Je voulais me convaincre à tout prix que tout ne se passerait pas trop mal. Si d'ordinaire, j'étais de nature à n'accorder que peu de crédit à ce genre de raisonnement, ce jour-là, je m'étais laissé influencer par mes encouragements qui, loin de me porter vers l'autosatisfaction, me donnaient cependant un semblant d'espoir en me remontant le moral.

Avec une désinvolture totale, j'ai présenté mon carnet de notes. La harpie, le tenant fermement entre ses mains, jeta un rapide coup d'œil sur les annotations des professeurs. Je ne dirai pas que sa mine changea tout à coup, car j'ai rarement vu, pour ne pas dire jamais, un sourire se dessiner sur son visage afin de lui ôter ne fusse qu'un instant son air agressif et mauvais. Planté là, debout devant elle, j'ai eu droit non pas à une distribution de prix ce jour-là, mais à une avalanche de gifles accompagnées d'insultes auxquelles je m'étais tout de même quelque peu préparé malgré tous les encouragements que je m'étais adressés.

- Crétin, enfoiré, grand con…….

Et vas-y les claques, et vas-y les insultes. Des insanités de toutes sortes…la source était loin d'être tarie- Je ne veux plus de toi ici. Fiche le camp chez ta grand-mère espèce de conard.

Quoi ? Je n'en croyais pas mes oreilles. Elle ne voulait plus de moi ici ? Quelle aubaine ! J'avais même du plaisir à la voir si agressive. J'ai pensé aussitôt :

- Qu'est-ce qui m'arrive ? Vais-je enfin pouvoir déguerpir ?

Si j'avais laissé passer au-dessus de ma tête sans y accorder quelque importance, toutes les insanités auxquelles je venais d'être soumis, je n'avais cependant pas manqué d'apporter un intérêt certain à ses dernières paroles :

- Fous le camp, disparais de ma vue. Conard !

Partir enfin, serait-ce devenu possible ? En aurais-je terminé avec les persécutions ? J'y crus! J'étais si heureux que même le mot conard tintait agréablement à mes oreilles. Je n'ai pas attendu qu'elle répète deux fois sa menace. Sur le champ, je suis allé prendre quelques vêtements en me disant : Pars vite mon gars, ne traîne pas, car elle pourrait changer d'avis. Dans un grand sac de sport que j'ai sorti à la hâte du fond de mon placard, j'ai fourré vite fait, slips, pantalons, tee-shirts et quelques pulls en vrac, et j'ai franchi la porte d'entrée avec un empressement facile à deviner. Alors que je dévalais allègrement les marches de l'escalier pour prendre la poudre d'escampette, je fus aussitôt agoni et malheureusement rejoint au niveau du rez-de-chaussée. Elle était encore verte pour son âge la garce pour avoir descendu aussi vite les trois étages. Rapidement, elle venait de se raviser car son esprit même vif n'avait pas été effleuré un seul instant par l'idée que je pouvais posséder l'audace de tirer profit des dernières phrases qu'elle avait jetées dans sa colère. Nous nous sommes retrouvés face à face, l'un toisant l'autre, ainsi que deux adversaires qui essaient chacun d'intimider l'autre avant un combat sur le ring. Je la regardais durement sans prononcer aucune parole. Elle m'empoigna par le col et me fit remonter l'escalier presque aussi rapidement que je l'avais descendu.

Pour me briser et me soumettre à sa loi, l'air menaçant, elle me dit :

- Demain, tu retourneras à l'école habillé comme un boumian* Tu mettras tes vieilles godasses pourries, ton pantalon de velours taché aux fesses et déchiré aux genoux. Je sais qu'il n'est plus à ta taille et que tu ne l'as jamais aimé, je m'en moque, tu iras vêtu de guenilles.

*Bohémien en provençal, mais plus méprisant.

Pour mettre sa menace à exécution, à grands coups de pied dans les fesses, elle me propulsa dans l'appartement dont elle n'avait pas pris soin d'en refermer la porte dans son empressement pour me rejoindre, puis m'imposa de porter ces oripeaux sur le champ.

Un épouvantail à moineaux n'avait rien à envier à mon accoutrement.

- Ah ! Tu feras moins le fier demain devant tes camarades de classe, ils n'auront pas fini de rire en te voyant affublé de la sorte. Je les entends déjà d'ici et je vois aussi la tête que tu feras, espèce de guignol.

Il est vrai que, je n'étais pas fier du tout.

Si à l'accoutumée, je me refusais de laisser voir mes troubles, j'ai craint ce jour-là de laisser apparaître quelques inquiétudes, car loin de moi était l'envie d'être la risée de mes camarades de classe.

Fort heureusement pour moi, le lendemain était un jeudi, cela lui avait certainement échappé dans sa colère.

Obsédé cependant par l'appréhension de ce à quoi je risquais d'être exposé le jour suivant, je suis resté à la maison sans mettre un seul instant le nez dehors. Pour me rassurer, je ne cessais de penser que toutes les menaces de ce monstre n'étaient en fait qu'un coup de pipeau, car elle ne me laisserait jamais partir en classe affublé de la sorte. M'envoyer à l'école, ainsi accoutré, aurait flétri sa réputation et atteint son amour propre. Son fameux orgueil espagnol dont elle parlait souvent en aurait souffert. Elle aurait bien trop craint le qu'en dira-t-on, et les jugements que les voisins auraient pu porter sur elle au travers de son fils si misérablement habillé. J'ai gardé pour moi toutes les analyses rassurantes auxquelles je me suis livré et qui ne manquèrent pas de m'apporter une certaine sérénité quant à mon sort lors de la reprise des cours.

Ce jour-là, je ne pus que me féliciter de ma clairvoyance. Je ne m'étais nullement leurré dans mon analyse sur le comportement de la mégère qui ne reparla plus de guenilles. Par orgueil, elle fit l'impasse sur la punition en préférant de beaucoup, perdre la face devant moi plutôt qu'auprès des voisins. Intérieurement, j'étais fier de cette nouvelle victoire remportée non pas après un dur combat, mais sur la simple reddition sans honneur de cette harpie. Mes triomphes ne me leurraient point cependant, car je restais conscient de ne jamais devoir baisser ma garde. Chaque jour apportant sa part de douleurs, je gardais le moral pour me préparer au lendemain. J'avais acquis un certain entraînement à ce jeu malin, j'avais appris avec le temps, à mettre au point quelques parades.

Cela me permettait d'endurer avec beaucoup moins de difficultés, lorsque la tordue se montrait particulièrement odieuse envers moi, tant par ses paroles que par ses actes.

C'est-ce qui se produisit le jour où elle apprit que j'avais posé mes regards sur l'une des filles de nos voisins. J'étais ce qu'on appelle aujourd'hui un préadolescent, et je ressentais mes premiers émois amoureux. C'était une nouvelle expérience, je découvrais des plaisirs inconnus jusqu'alors et, comme tous les copains de mon âge, je les gardais jalousement cachés au plus profond de moi.

Dans le but de satisfaire son besoin inné d'emmerder son monde, la gorgone ne s'était nullement privée de fouiller mon placard dans son moindre détail. Au moyen d'une telle perquisition, elle y avait découvert, dissimulée au fond de mes affaires personnelles, une photographie de mon premier béguin. Sur cette photo, Jeannine était très belle dans son nouveau maillot de bain deux pièces aux couleurs vives. Elle était dans une position accoudée contre une barquette de pêcheurs sur le sable et, ce choix sans doute recherché, mettait tout le charme de ses courbes et de ses galbes en évidence. En constatant que mon coin intime avait été mis à sac avec des gestes profanateurs qui avaient piétiné et profané mon jardin secret, je me suis senti violé au plus profond de moi-même. Je fus soudain furieux et me mis à bouillir intérieurement sans le moindre mot mais non sans le laisser paraitre. Le mutisme dans lequel je m'étais volontairement muselé, s'associait aux regards pleins de haine dont je fusillais l'indiscrète. De son côté , elle ne manquait pas de me mitrailler d'un flot de questions et de réflexions plus désobligeantes les unes que les autres avec l'espoir d'un fléchissement de ma part.

Alors que nous étions tous réunis autour de la table, devant notre petit déjeuner, loin de nous attendre à ce qui allait suivre, elle créa l'incident pour s'amuser une nouvelle fois à mes dépens. Il fallait vraiment qu'elle soit perverse, tordue ou dérangée, peut-être les trois à la fois et certainement pire encore. Peut-être que dans son landau, avait-elle été tout simplement bercée un peu trop près du mur de sa chambre, et en portait-elle les séquelles. Cette grosse vache s'est mise à étaler du beurre sur sa tartine de pain de régime, puis, après l'avoir copieusement chargée de confiture, elle plia sa tartine en deux en pressant vigoureusement le tout pour en faire dégouliner le mélange sirupeux sur la toile cirée qui recouvrait la table de la cuisine. Sous l'effet de surprise, nous nous interrogions sur quelle nouvelle saloperie elle allait en venir. Elle resta silencieuse et afficha à ne s'y méprendre un air de totale autosatisfaction. Elle faisait durer le suspense de façon à s'assurer que nous restions tous suspendus à ses gestes, certainement curieux de connaître la suite. Puis, mettant fin à son silence et dirigeant son regard noir vers moi, elle posa cette question:

- Savez-vous à quoi ça ressemble ? Devinez !

Interloqué, je m'interrogeais sur ce que pouvait être ce à quoi elle se préparait à me soumettre. Mes frères et mon père, les yeux presque exorbités qui dégageaient plus de surprise que de curiosité face à la soudaineté d'une telle mise en scène, sont tout comme moi restés sans réponse.

Alors, avec un sourire vicelard, le seul qu'elle pouvait arborer, elle poursuivit en ces termes:

- A Jeannine, quand elle est sur sa chiotte.

Mon père, mes frères et moi sommes tous restés décontenancés. C'était tellement bête, vulgaire, méchant, d'une méchanceté gratuite et de bas étage, qu'aucun de nous n'a ri, ni même souri hormis cette fêlée. Satisfaite d'avoir sorti sa bulle et d'avoir pris son pied, elle affichait son plaisir sordide. Elle se croyait fine et spirituelle. Pauvre conne !

Jugeant qu'elle n'en avait pas suffisamment dit, elle surenchérit :

- Quand elle a ses ragnagnas ou bien quand elle fait son gros caca, ça doit bien ressembler à ça, non ? Vous ne croyez pas ?

Aveuglée par une telle méchanceté et animée par son constant besoin de piquer de son venin empoisonneur, elle en avait perdu toute notion de l'ignoble et du ridicule. Tout lui était bon pour faire du mal, elle ne portait pas le mal en elle, elle était le mal même. C'était viscéral, certainement même inscrit dans son code génétique. Hormis la bave, elle avait tout du chien enragé qui veut sans cesse mordre et détruire tout ce qui l'entoure. Toujours prête à montrer les dents, elle se complaisait à semer la zizanie et la discorde. Je pourrais, je crois, faire état sans tarir de toutes ses bassesses, mais je préfère n'en citer qu'une infime partie afin d'éviter le fastidieux et le pénible. J'aurais l'impression de patauger en permanence dans une fange nauséabonde. J'ai donc traité avec dédain les allusions scatologiques qui avaient été faites sur ma petite copine, et me suis préparé aux prochaines agressions nourries de déversements de vomissures, dont la salope n'était jamais à court.

Pour sortir un instant de cette boue répugnante, je vous parlerai de mon père, ce gardien de la paix. Eh oui ! Gardien de la paix sur le plan professionnel, mais totalement incapable de l'imposer et de la maintenir au sein de son propre foyer. Il arrivait du travail en uniforme qui lui seyait fort bien. Il était, ce que l'on a coutume de dire, un bel homme. Il avait un bon caractère pour éviter de dire pas de caractère du tout, et possédait un tempérament gai, toujours ouvert à la plaisanterie et aux bons mots. Élégant du képi jusqu'à la pointe de ses chaussures, plus d'une femme s'étaient assurément retournées sur son passage. Dans sa jeunesse, avant de copuler avec son monstre de femme, de nombreuses élégantes lui avaient certainement permis d'accrocher quelques trophées à son tableau de chasse. Lui non plus n'échappait pas à l'ambiance qui régnait en permanence au sein de ce foyer très « chaud ». Il subissait la plupart du temps sans prononcer le moindre mot, les plus sales blessures de la part de la harpie. Pour l'apaiser lorsqu'elle devenait un peu trop virulente, il se limitait quelques fois à sourire gentiment et à formuler quelque plaisanterie. Son comportement portait parfois ses fruits, et, faute de bois, le feu s'éteignait. Chacun de nous était soulagé, hormis bien sûr, la bête fauve qui restait sur sa faim, n'ayant pu se repaître de sa proie. Bien que faible, il était pour nous un allié, un appui trop peu présent à la maison. Si la possibilité nous en avait été donnée, nous aurions bien volontiers permuté ces deux êtres afin de garder le meilleur en permanence à nos côtés.

Un soir, alors qu'il venait juste de franchir le seuil de l'appartement, il eut à en découdre avec une scène particulièrement violente avec le monstre. Mon père qui, ainsi que je l'ai dit, était vraiment bien de sa personne, et qui plus était, ne manquait pas de charme auprès de la gent féminine sensible à l'uniforme, fut l'objet de ragots qui parvinrent aux oreilles de sa « charmante épouse ». Animée d'une suspicion terrible ou mieux encore, convaincue que son conjoint se livrait à quelques aventures, elle échafauda un plan tortueux pour en avoir le cœur net.

Bien que cette pratique fût loin de ses habitudes, un matin, elle disposa les sous-vêtements de son mari sur le bas du lit, non sans avoir pris au préalable, le soin de faire son choix sur une paire de chaussettes dont elle n'avait volontairement pas reprisé l'une des deux. Après avoir noté à quel pied mon père avait mis la chaussette trouée, il ne lui restait plus qu'à vérifier lors de son retour si celle-ci était toujours au même pied. Dans le cas contraire, ce serait là, tenir la preuve irréfutable d'une trahison conjugale. Animée par la même impatience que connait celui qui brûle de savourer sa victoire, quand le paternel s'est déchaussé, elle se campa devant lui, les mains sur les hanches et tapotant du pied, en attendant le résultat de son expérience. Le trou était toujours sur la chaussette mais la chaussette n'était plus sur le même pied. Sans demander aucune explication, mais enhardie par ce constat qui était censé lui apporter une preuve patente de trahison, elle vociféra aussitôt et invectiva violemment de mille reproches et injures l'époux infidèle sur son écart de conduite. Pour ce faire, elle n'a certes pas mis les gants. L'affrontement fut titanesque. Mes frères et moi, avons vu un couteau voler en traversant la cuisine et laisser son empreinte sur le plâtre de la cloison, puis, dans un déferlement d'injures dont elle n'était jamais prise de court, elle a catapulté vers lui assiettes, verres, enfin, tout ce qu'elle trouva sous sa main. Il y eut ce jour-là, pas mal de casse au cours de cette pluie d'ustensiles de cuisine. Mes frères et moi restions figés devant ce pilonnage infernal. Il était préférable de se faire tout petits et immobiles comme des statues. Pendant que la furie se mit à boire de grandes goulées d'eau à même le robinet de la cuisine afin de réhydrater sa bouche desséchée par ses vociférations, mes frères et moi avons saisi l'occasion de ce court moment d'accalmie, pour nous éclipser rapidement. Sans piper mot, et en rasant les cloisons du couloir, nous nous sommes réfugiés dans notre chambre. Il était ô combien plus sage de rester aux abris pendant le bombardement, plutôt que de s'exposer au risque de recevoir les balles perdues d'une rafale issue d'une scène de ménage.

Bien que les faits sur la maltraitance qui furent notre quotidien dans cette fange nauséeuse, puissent paraitre complets, je ne serais pas pris de court pour relater de nombreux autres évènements qui ont jalonné notre enfance. Pour ce faire, il aurait été nécessaire de noircir pages après pages pour que tout fût entier.

J'ai cependant réservé pour la fin, non pas le meilleur ainsi qu'on le fait d'ordinaire, mais ce que je pense être le pire : l'une des réactions sataniques de notre kapo qui, à mon sens, eut l'attitude la plus ignominieuse de tous ses agissements dictés par la colère.

Nous étions en fin du mois de novembre, le ciel était gris et menaçant, le mistral soufflait violemment à décorner les bœufs et le thermomètre effleurait le zéro. Nous avions onze, dix et neuf ans. Notre geôlière, qui avait traité un marché avec un propriétaire d'oliveraie, nous mobilisa de force pour lui assurer un renfort de main d'œuvre.

Ce fut dès le matin déjà, que fusaient les reproches. Le ramassage des olives sur le sol ne s'effectuait pas à la vitesse qu'elle souhaitait, et la récolte à même les arbres ne lui était pas non plus satisfaisante.

Nous aurions très bien pu être assimilés à ces galériens dont le rythme était donné par le « hortator » (ou plus simplement le batteur) qui, en frappant la mesure avec un bâton à la main, dirigeait les manœuvres et la cadence que devaient atteindre et maintenir les galériens. Elle n'avait de cesse de crier : Allez ! Allez !

Allez ! Bande de fainéants ! On n'est pas là pour s'amuser.

Nous mettions aussitôt fin à nos gentilles petites gamineries mais, malgré cela, le peu d'olives que nous cueillions et qui s'échappaient de nos petits doigts gelés ne suffisaient pas pour remplir le panier au rythme souhaité par notre commandante en chef.

Après une coupure pendant laquelle nous sommes retournés à la maison pour y prendre notre déjeuner, nous avons à nouveau été contraints de l'accompagner pour le reste de la journée. La température était légèrement moins basse, mais le mistral toujours aussi froid et pénétrant. Notre productivité insatisfaisante attisait toujours les vociférations de : Allez ! Allez ! Allez !

Vers seize heures, elle marqua un court temps d'arrêt et se dirigea vers sa voiture, elle en revint un sac en papier dans les mains. Elle l'ouvrit, en sortit quelques croissants qu'elle remit aussitôt dans leur sac après nous les avoir montrés puis, avec son air naturellement mauvais, elle réduisit le sac et son contenu en une vulgaire boule avant de jeter le tout à terre et le piétina. Pour finir notre chef de chantier vociféra : quand on ne travaille pas, on ne mange pas !

Le rêve d'avoir un agréable quatre-heures se dissipa bien vite.

Ses gestes n'ont pas manqué de nous rappeler comment avec la même haine elle avait déchiré notre album de Tintin.

Je suis à court de mots pour exprimer véritablement l'intensité de haine et de dégout que je ressentis lors de ce comportement abject. Tous les qualificatifs qui me viennent présentement à l'esprit ne me procurent aucune satisfaction pour condamner avec justesse la petitesse de cette réaction infâme de la sorcière.

Je serais curieux de connaitre ce que peut ressentir une maman aimante en lisant toutes ces lignes. Ce dont j'ai d'ores et déjà l'assurance, c'est qu'elle aura compris tout au long de ces vérités quel était le monstre infâme pour lequel nous étions la pâture.

Malgré les efforts que nous fournissions à nous employer à bien faire, tout se passait dans le domaine de la peur. Nous avons gardé tous les trois, en mémoire notre triste jeunesse volée, une jeunesse que rien d'agréable n'est venu agrémenter pour nous permettre aujourd'hui de nous en remémorer un tant soit peu de bons souvenirs.

En ces quelques lignes, je n'ai retracé ici que quelques-unes des conditions pour le moins déplorables que nous endurions pratiquement au quotidien. Par la force des choses, nous y étions pratiquement rompus, mais, tel le marin dans la tempête, qui essaie de regagner son port au travers d'une épaisse brume en guettant la lumière lointaine d'un phare, nous scrutions dans le flou lointain, le petit point blanc porteur d'espoir qui serait pour nous le bout du tunnel.

Une nouvelle année scolaire venait de se terminer tant bien que mal et je nourrissais le tendre espoir de pouvoir rejoindre très prochainement mes grands-parents auprès desquels je me ressourçais en bonheur. Là encore, j'ai eu droit à mon lot de désillusions. Rejoindre mes grands-parents aussitôt l'année scolaire bouclée aurait été trop beau ! Il m'a fallu patienter. La harpie en avait décidé autrement. Elle avait eu l'idée complètement farfelue de m'emmener avec eux à Aix les Bains, où, comme chaque année mon père y suivait une cure thermale pour soigner sa spondylarthrite ankylosante. Bien qu'ailleurs qu'à la maison, ce fut le même climat durant trois longues semaines. J'y ai connu les mêmes disputes, et subi les mêmes assauts, j'ai dû ronger mon frein à chaque instant de ces vingt et un jours interminables et pesants. J'avais parfois l'impression que le temps avait suspendu son vol, ainsi que le souhaitait Lamartine. C'était pénible, mais il y avait la petite lumière de l'espoir qui clignotait et qui ne cessait de me rappeler que j'atteindrais le bout. J'avais appris que toute chose y compris les mauvaises ont une fin.

Dans l'attente de poursuivre mes grandes vacances auprès de mes grands-parents, il me vint une idée que j'ai considérée comme étant une fine ruse que je me devais d'exploiter.

Petite ruse

Le fils de l'un de nos voisins qui habitait l'étage au-dessus de celui que nous occupions, était depuis des années, soumis à des convulsions qui le surprenaient régulièrement. Sous l'emprise de ces crises vraiment bizarres et inquiétantes, je l'ai vu un jour au sol, agité, laissant de la bave s'écouler. Fortement impressionné par son état, et l'ayant interrogé ensuite pour connaitre la nature de ces états aussi soudains que répétitifs qui le terrassaient, il m'informa qu'il était épileptique. Curieux d'en apprendre davantage sur cette affection et eu égard à la sympathie que nous entretenions l'un l'autre, je lui ai posé, non sans avoir une idée derrière la tête, bon nombre de questions auxquelles il ne fut pas chiche d'y répondre. J'appris ainsi qu'il ne se souvenait de rien après chaque épreuve et qu'il avait l'impression de revenir d'un trou noir.

Prenant en considération que certains camarades légèrement plus âgés que moi m'avaient fait part d'avoir reçu une convocation pour se présenter au conseil de révision, et, tenant les informations sur le handicap de mon voisin, je me suis immédiatement préoccupé de ce sujet brulant car je n'entendais absolument pas effectuer mon service national, pour lequel les jeunes gens étaient appelés en Algérie pour une durée de trente-six mois.

Fort de détenir ces informations, et possédant les renseignements reçus de mon voisin, je mis en œuvre toute une ruse :

Avec la complicité de mon père qui prit contact avec un médecin auquel je fis part de tous les symptômes que subissait mon voisin et que je m'étais attribués. Le diagnostic de ce docteur ne put que confirmer que j'étais épileptique et me dirigea vers l'hôpital Ste Anne, hôpital militaire, pour me soumettre à un scanner. Les résultats obtenus, j'ai usé du même subterfuge auprès du médecin chef de cet hôpital qui rédigea son diagnostic en y joignant une ordonnance qui prescrivait une longue liste de médicaments. Pour moi le tour était joué et il ne me restait plus qu'à attendre de recevoir la convocation pour me présenter au conseil de révision.

De retour à la maison, mon père, fit aussitôt le compte rendu de l'examen médical à la mégère en lui remettant les résultats. Sans piper mot, la gorgone s'en empara et ne put dissimuler son air malsain qui laissait déjà deviner tout un machiavélisme dont le processus était déjà en chemin.

Après avoir pris connaissance des documents et, les agitant rageusement devant mes yeux, elle s'empressa de me dire :

- Tu vois, avec ça, tu as intérêt à te tenir à carreau car je saurai m'en servir pour te faire enfermer dans un hôpital psychiatrique comme un fou, où l'on te fera subir des électrochocs et des piqures qui te transformeront en l'état de légume.

Il est vrai que je n'en menais pas large mais, les vacances étant proches, et ma majorité ne l'étant guère moins, les menaces de la capo passaient en arrière-plan.

Lors de ma présentation au conseil de révision, à la vue de mon examen médical et de la liste des médicaments sur la dernière ordonnance que je n'avais pas manqué de faire renouveler, le responsable galonné afficha en premier lieu un air perplexe concernant le document et fut peut-être également dubitatif au niveau de mon véritable état de santé. Pour avis ou certainement se couvrir, il tendit mon dossier à un autre galonné qui siégeait avec lui. Ce dernier lui dit :

- Les examens ainsi que les ordonnances qui nous sont présentés proviennent de l'hôpital militaire et effectués par le médecin chef, il serait indélicat voire un sujet de problèmes que d'émettre un doute et s'y opposer.

Top, top, top, Trois coups de tampon pour appuyer la mention « exempté », et le tour fut joué. Simulant un air triste qu'aurait pu afficher quelqu'un de contrarié, mais sans trop tout de même, j'ai reçu mon livret militaire. Je n'ai eu de ce fait, ni à effectuer mes trois jours, ni à subir les piqures et les diverses drogues qui sont imposées aux militaires et n'ai jamais eu à subir ces messieurs de l'armée qui ne savent pas s'exprimer sans aboyer.

Vacances inoubliables.

A nouveau chez mes grands-parents. J'étais là, contre eux, dans leurs bras. Je retrouvais à nouveau des caresses, des bisous, des chatouilles, des gratouillis sans compter. Telle une corne d'abondance, ils déversaient sur moi tellement d'amour qu'ils auraient rendu envieux bien des enfants. Je les avais pour moi tout seul. J'étais décidé à stocker pleinement ce bonheur car il m'était plus que nécessaire d'engranger un maximum de câlins et de remplir mes greniers d'affection afin de pouvoir surmonter les épreuves futures. C'était pour moi, non une cure thermale mais une cure de bonheur qui m'inondait d'amour. Avec eux ma vie était belle, tout était agréable, je me ressourçais, je parvenais à oublier tous les tourments auxquels j'avais été soumis durant les mois précédents. Leur cœur était débordant d'amour. Ils m'attendaient pour m'enserrer de leurs bras, toujours prêts à m'offrir le meilleur d'eux-mêmes et à me procurer une totale détente et une véritable quiétude.

Lors des congés annuels de mon Parrain, nous partions chaque année pour une durée de quatre semaines au bord de mer. Nous ramenions de ces habituels séjours passés à La Capte, près de la presqu'ile de Giens dans le Var, une pleine charrette de souvenirs, tous plus beaux les uns que les autres. Nos départs étaient dignes de ceux d'une véritable expédition. Tout avait été planifié et réglé comme du papier à musique. Mes grands-parents avaient chacun d'eux une tâche bien établie. Marraine avait préparé toutes nos affaires personnelles et s'était occupée de l'intendance, sans oublier ses aiguilles à tricoter et ses pelotes de laine. Mon grand-père avait pour tâche de penser à tout ce qui devait être emporté pour notre confort : Le matériel complet de camping, le nécessaire et même le superflu pour la cuisine... Tout avait été scrupuleusement répertorié et contrôlé auparavant. Malgré cela, ce n'était qu'après une dernière vérification minutieuse que le chargement pouvait commencer. Ah! Il fallait voir ce capharnaüm ! La pauvre voiture était au bord de l'affaissement. C'est incroyable tout ce que mon Parrain pouvait y entasser. Sous les sièges, les réserves : les pâtes, le riz, les conserves, le sucre, la farine, le café, le chocolat et j'en passe. Ce qu'il y avait de plus volumineux était sur la galerie. En l'occurrence, il s'agissait d'un énorme sac d'épaisse toile de couleur caca d'oie, à l'intérieur duquel était pliée la grande bâche de la tente achetée auprès d'un surplus américain, et dont la couleur n'était pas plus étincelante que son enveloppe. Etaient ensuite soigneusement rangés et ficelés à côté, ses longs piquets métalliques, ses renforts, son cordage de fixation, trois lits de camp en bois et tout un attirail qui rendait le chargement pour le moins hétéroclite. Ainsi que les aurait fait un marin accompli, les nœuds savamment réalisés ne pouvaient pas se relâcher. Dans le coffre étaient entassés les gamelles, la cocotte-minute, la vaisselle, la grosse bonbonne de gaz, le réchaud, le gros ventilateur pour le cas où il ferait trop chaud. Et ce n'est pas tout ! A l'arrière de l'auto, sur la roue de secours, était immobilisée avec des cordes et des sandows, une énorme caisse qui tiendrait le rôle capital d'un volumineux garde-manger au cours de notre séjour touristique. Pour l'instant, y étaient enfournés de nombreux accessoires qui n'avaient rien à voir avec un quelconque ravitaillement. La pauvre petite Renault, une NN1 si ma mémoire ne me fait pas défaut, avait l'air de sortir d'un véritable dessin de Dubout. Une fois le chargement terminé, mon grand-père procédait à la dernière vérification d'usage en donnant un sérieux coup de pied contre les pneus, ainsi que le font par reflexe la plupart des conducteurs. Installé sur le siège arrière, collé contre la portière de droite et coincé sur mon côté gauche par des paquets entassés qui titillaient mes côtes, j'étais dans l'impossibilité de bouger d'un moindre pouce.

- N'oublie pas d'aller aux toilettes avant de partir !

- C'est fait Marraine, ne t'inquiète donc pas.

Le fait d'avoir pensé à aller soulager ma vessie avant le départ avait une importance capitale car, coincé comme je l'étais entre la portière et les paquets, je n'aurais pu me livrer à des exercices d'acrobatie et de contorsionniste pour sortir du véhicule, au risque de voir s'effondrer la pile des paquets soigneusement entassés contre mon flanc. Ma grand-mère venait s'installer et claquait sa portière, prête à partir pour notre merveilleux périple. Quant à Parrain, toujours dans la crainte d'une mauvaise visite pendant notre absence, il verrouillait scrupuleusement les portes, et ne venait se glisser derrière le volant qu'une fois tout hermétiquement bouclé. La voiture qui sortait d'une révision totale démarrait au quart de tour. C'était parti pour l'aventure d'environ cent soixante-dix kilomètres. Nous empruntions chaque année le même itinéraire et nous quittions la maison toujours à la même heure. Partir plus tôt nous aurait assurément exposés à une chaleur insupportable et partir plus tard, ne nous aurait pas permis de faire notre pause habituelle à l'endroit de prédilection de ma marraine. Pour satisfaire à toutes ces exigences, la décision était prise d'entamer notre voyage au déclin du soleil.

Au bout d'une cinquantaine de kilomètres environ, c'est à dire, après presque une heure de route, (c'était au vingtième siècle dans les années cinquante, les moteurs étaient loin de posséder les performances que nous leur connaissons aujourd'hui), Marraine s'exclamait:

- Si on s'arrêtait là ? C'est bien, non ? Et puis on connaît, c'est ici que nous avons fait étape l'année dernière.

Bien sûr que c'était là. Nous y avions fait une halte l'année précédente, et également à chacun de nos déplacements les années auparavant. Nous n'avons jamais bivouaqué ailleurs que là. À la sortie de Saint Canat, village provençal non loin d'Aix en Provence, sous un grand porche tout près d'une fontaine, en bordure d'un magnifique domaine, une immense prairie nous offrait sympathiquement son tapis vert. Avant le déclin du jour nous nous affairions à sortir le matériel de camping nécessaire : table, chaises, vaisselle et le bon pique-nique. Mes grands-parents s'installaient toujours confortablement, même pour un repas frugal pris dans un cadre agreste. Aussitôt après le repas, tout était remis en place avant que la nuit puisse nous surprendre. Nous ne nous accordions que très peu de temps pour contempler la voûte céleste dont quelques points lumineux les plus connus que mon parrain me montrait du doigt avec un même plaisir. Attendre le passage d'une étoile filante serait pour une autre fois, nous ne nous en autorisions pas cette joie, car une bonne nuit de repos était nécessaire avant notre épopée du lendemain. Le chant des grillons nous berçait dans notre sommeil et l'odeur du thym et du romarin emplissait nos poumons d'une délicate odeur de Provence. A l'aube, Parrain sonnait le réveil, nous avalions vite fait, une tasse de café ou de chocolat chaud, croquions un fruit ou deux et repartions aussitôt. Ce coup-ci, aucune halte n'était prévue afin de parvenir le plus tôt possible à destination au milieu de pins parasols et la mer pour horizon. Dès notre arrivée, avant même de nous installer, nous nous laissions aller à casser une bonne petite croûte car notre légère collation du matin était déjà loin. La plus heureuse de tous à cet instant de notre expédition, c'était pour sûr, la pauvre voiture. Peuchère ! Chargée, plus que n'aurait pu l'être une bête de somme, elle en avait vues des vertes et des pas mûres comme on dit dans le midi. Elle avait bien sûr, un tantinet trainé la roue de temps à autre dans quelques côtes, mais, bien que poussive, elle avait assuré sans faillir à la tâche, malgré son moteur presque asphyxié sous le capot brûlant.

Elle s'était si bien comportée, qu'en tapotant une de ses ailes ainsi que l'on flatte l'encolure d'un magnifique pur-sang après sa victoire, Parrain ne manquait jamais de la féliciter à chaque fin d'une telle expédition :

- Ça va ma belle, tu as été formidable cette fois encore, fais comme nous, prends des vacances, repose-toi !

La vieille mais fidèle guimbarde dont les essieux ployaient encore sous le fardeau du chargement, avait bien mérité les chaleureux remerciements et un bon repos.

Pour le déchargement ainsi que pour notre installation, nous n'avions aucun souci. Aussitôt après notre bonne remise en conditions qui nous avait bien calé l'estomac, tout un groupe de sympathiques campeurs dont nous avions fait la connaissance lors de nos précédents séjours, affluaient à notre rencontre. Tous, d'un sincère élan nous prêtaient leur concours. Dresser la tente devenait chose très facile et se réalisait en un temps record avec toute cette main d'œuvre bénévole. En fait pour tout dire, c'était un évènement attendu dans le camping. Chacun était à la fois flatté, heureux et amusé d'ériger un tel monument dont le faîtage qui culminait à plus de trois mètres de haut, ne manquait pas de se faire remarquer.

Aussitôt que possible, Marraine s'affairait aux aménagements intérieurs et, en un tour de main, tout était fin prêt pour nous permettre de démarrer notre merveilleux séjour.

Au fur et à mesure du déchargement, la pauvre voiture récupérait peu à peu et, centimètre par centimètre, elle retrouvait son aspect normal. Les ressorts soulagés de tout ce qui les avait écrasés, auraient tout leur temps tout au long du séjour, pour souffler et récupérer avant l'épreuve du retour.

Les imposantes et disgracieuses dimensions de notre tente présentaient tout de même de grands avantages. A trois, là dessous, nous étions vraiment à l'aise et notre confort n'avait rien de comparable avec celui que prétendaient offrir les petites canadiennes de Trigano. De plus, les rares fois où je m'aventurais un peu trop loin lors de mes promenades sur la plage, mon retour au bercail se faisait sans aucune difficulté. Pour sûr, je la repérais de loin, elle était pour moi tel un phare pour le marin.

Dans ce paradis, le temps s'écoulait trop rapidement entre les parties de boules, les bains de mer, les pêches miraculeuses, les séances de bronzage et nos siestes bercées par le chant des cigales. Très tôt, tous les matins, peu de temps après les premières lueurs du jour, nous effectuions de très belles balades le long de la plage. La prodigalité de la nature comblait tous nos sens de ravissement. A ces heures, l'eau est d'une totale limpidité et dégage une odeur saline et iodée, tandis que ses couleurs varient dans toutes les teintes du bleu au vert. Le sable nivelé et lissé par les vagues de la nuit se présente vierge de toutes traces de pas et nous donne l'impression que toute la plage nous appartient. Tout est tellement plus beau et neuf sous les premiers rayons du soleil. On a l'impression que tout renaît, tout revit, tout recommence. Nous en profitions pour caller nos cannes à pêche équipées de moulinet et taquinions le poisson. La quantité ramenée permettait certaines fois à Marraine, de nous préparer de savoureuses soupes et bouillabaisses qui auraient fait saliver d'envie nombre de gourmets. Marraine n'avait pas sa pareille pour accommoder ces plats d'une de ses rouilles-maison qui nous conduisait directement à une très longue sieste. Ah, les siestes de nos vacances ! Avec juste ce qu'il fallait de brise marine pour nous chatouiller les orteils et nous rafraîchir du velours de sa caresse iodée. Allongés sous les arbres, nous nous laissions aller à la rêverie. Les merveilleux moments que j'ai connus là-bas avec mes grands-parents, resteront à tout jamais dans ma mémoire.

Au terme de quatre semaines, après avoir fait le plein de toutes bonnes choses, le séjour se terminait. Il était temps de penser au retour. Nous rangions tout, la tente était démontée et repliée avec la même aimable participation de certains qui nous avaient prêté main forte lors de notre arrivée et dont les vacances étaient plus longues que les nôtres, et par d'autres qui étaient arrivés depuis peu. Dans la même ambiance enjouée et chaleureuse que nous avions connue lors de notre arrivée, tout était réalisé en un tour de main. Un peu tristes de quitter cet endroit édénique et toutes nos connaissances très sympathiques, nous avions déjà au cœur, le projet et l'envie pressante de nous retrouver à la prochaine saison. Seule la pauvre voiture qui affichait un air aussi triste que le nôtre avec ses ressorts à nouveau affaissés sous un tel chargement ne semblait pas partager notre joie de revenir.

Nous nous séparions avec de grands et derniers signes de la main. Quelques gosses avec lesquels j'avais partagé les jeux, couraient à côté de la voiture comme pour nous escorter un bout de chemin jusqu'à la sortie du camping. La légère grisaille que nous avions dans le cœur était vite estompée par les chants entrainants que nous entonnions. Par le même itinéraire, à la même vitesse, à la même halte, avec le même bonheur, mais tout bronzés, nous rejoignions notre belle cité des Papes pour y retrouver nos habituelles occupations.

Pratiquer le pique-nique et le camping comblait énormément de bonheur mes grands-parents. Chacune de nos petites escapades sauvages respectait scrupuleusement les règles de la super organisation. Ils avaient toujours le souci de notre aise, tant sur le plan du confort que sur celui de la nourriture.

Outre nos grandes vacances, nous allions périodiquement à Varages. Cet agréable petit coin était à l'époque, un joli petit village situé sur les bords de l'étang de Berre. Le cadre merveilleux que nous offrait le rivage de l'étang et la distance beaucoup plus courte qui nous en séparait, nous permettaient une fréquentation plus soutenue. Nous nous y ressourcions le temps d'un week-end seulement, dans l'attente de notre future épopée épique des grandes vacances.

Ce court séjour n'imposait pas à mon grand-père un énorme déménagement. Par ailleurs, la souffreteuse voiture ne s'en portait que mieux.

C'était un endroit très calme, un peu perdu, loin de tout, il n'y avait pas âme qui vive sur un périmètre appréciable. Cela nous reposait de l'ambiance tapageuse de la ville. Ma grand-mère affectionnait particulièrement ce joli petit coin de plage qui lui semblait n'être là que pour nous. Dans les années cinquante, l'étang était pur, il n'était pas encore souillé par les rejets chimiques intensifs et l'on n'enregistrait aucune mortalité des poissons directement liée à la pollution qui est constatée aujourd'hui. L'eau y était claire et saine avec ses tons bleus et verts qui nous rappelaient La Capte. Un épais tapis d'oursins recouvrait le fond. Si ces succulents échinodermes ont un attrait certain pour nos papilles gustatives, ils sont pour autant très désagréables par les cuisantes piqûres qu'ils provoquent sous les agassins* lorsque l'on néglige de porter de bonnes chaussures de plage.

Le minimum de confort assuré par de simples matelas pneumatiques et quelques coussins légers, coûtait à mon grand-père de se lever le lendemain avec quelques légères courbatures. Mais, après un court échauffement fait de quelques mouvements succincts, et tenaillé par l'envie de profiter de ces heures que nous offrait ce cadre magnifique, mon parrain en oubliait vite ses petites douleurs. Un délicieux petit déjeuner autour de la table rapidement dressée et garnie de grandes tasses de chocolat chaud dans lesquelles nous trempions des tartines croquantes badigeonnées de beurre et de confiture, nous mettait sur un bon pied pour démarrer la journée.

Mon grand-père se mettait ensuite en tenue de bain et portait pour cela le maillot que Marraine lui avait tricoté pour l'occasion avec beaucoup d'application. Nous nous jetions ensuite à l'eau dans de grandes éclaboussures et des cris de joie.

Lorsqu'il sortait de l'eau, après de longs moments passés à nous ébattre, je bénissais le ciel d'être sur cette plage déserte.

*Agassins : Orteils en Provençal.

Son maillot de laine détrempée, lui descendait presque jusqu'à mi-cuisses. C'était chaque fois un tel spectacle désopilant que nous éclations de rire à en pleurer. C'était gentil, il n'y avait aucune note de moquerie, seulement juste ce qu'il fallait de taquinerie empreinte de profond respect et d'amour.

Nous lancions alors à Marraine, sur un ton plein de malice:

- Tu devrais envisager de changer la grosseur de tes aiguilles et de laine.

- Si on ne tricote pas avec de grosses aiguilles, on ne voit pas le travail avancer, nous répondait-elle avec un air coquin.

En plus de nos escapades de fin de semaine, très souvent le soir après la dure journée de travail de mon Parrain, nous allions pique-niquer non loin de la maison. C'était un endroit tapissé de verdure à l'ombre d'immenses platanes bicentenaires. Ce petit coin discret nous offrait suffisamment de place pour y garer la voiture et y installer notre bivouac. Comme à l'accoutumée, tout avait été réglé d'avance. Ah, il ne faut pas croire que les choses étaient faites à la légère. Il aurait fallu voir notre installation pour un simple repas du soir. Ce n'était quand même pas un déménagement, mais presque. Rien ne manquait: tables, chaises, charbon de bois, barbecue, un réchaud à alcool, une lampe tempête, des saucisses, quelques sardines et souvent une ratatouille. Nous nous installions près d'une roubine où l'eau y était claire et abondait en écrevisses. Pendant que Parrain commençait à faire griller les chipolatas, je jouais près du ruisseau. Dans les trous d'eau j'observais le frétillement des carpeaux et y découvrais des animaux de toutes sortes. Les têtards me fascinaient le plus, ils faisaient partie des animaux que j'aimais emporter à la maison. En les enfermant tristement dans un petit bocal, je n'étais pas sans savoir que je les privais de la grande liberté dont ils jouissaient dans cette roubine, mais mon plaisir était plus fort que ce tourment passager. Ainsi maintenus prisonniers, ils m'offraient pendant quelques jours le plaisir de suivre les différentes étapes de leur métamorphose. A l'intérieur de cette prison mi-close, je voyais leurs petites pattes s'allonger, leur corps changer de forme. L'air contemplatif, je passais de longs moments avec les yeux qui ne décollaient pas du bocal. Comme tous les gamins, j'étais conquis par ce spectacle. Et puis un matin, quelle n'était pas ma grande surprise à la découverte du bocal vide. Profitant du calme de la nuit, les petites grenouilles s'étaient enfuies à force de petits bonds rapides sans demander leur reste. Evadées de leur prison, elles goûtaient pour la première fois à leur liberté d'amphibiens anoures sautillants.

Mes occupations au bord de l'eau me permettaient d'attendre patiemment l'heure du repas servi dans notre restaurant tapissé de verdure. Par la fraîcheur vivifiante de lair dans ce cadre bucolique, et sous le fumet des saucisses et des sardines qui grillaient sur la braise savamment entretenue par mon Parrain, nous en avions nos narines et nos papilles gustatives tellement excitées, que nous nous précipitions tous les trois à table, l'appétit bien aiguisé. Nous nous sentions prêts à passer à l'attaque, capables de faire honneur à tout ce qui allait être présenté. Le rituel de cette collation champêtre démarrait. Tout d'abord, nous prenions un apéritif. Ce début de repas où je pouvais goûter à une boisson légèrement alcoolisée n'était pas pour me déplaire. Ma Marraine avait pensé aux amuse-gueules et mon Parrain avait pris soin d'emporter une bonne bouteille de vin cuit, son fameux « Carthagène » conçu de sa propre préparation. Une bouteille dégotée derrière les fagots disait-il.

- Ya aucun mal à se faire du bien ! s'exclamait-il avec satisfaction en portant le verre à ses lèvres.

Qu'il était agréable de déguster nos croustillantes grillades dans la fraîcheur naissante du soir au bord du ruisseau dont le doux clapotis de .l'eau venait caresser nos oreilles. Nous appréciions ces repas à tel point qu'en aucune façon nous aurions voulu les échanger contre un festin dans un restaurant « trois fourchettes ». Leur succulence n'avait rien d'égal avec tout ce que l'on aurait pu nous y proposer. Un point noir cependant : les moustiques ! Il était sage de ne pas trop tarder car ces sales bestioles, attirées par la lumière de notre vieille lampe tempête, tournoyaient menaçantes autours de nos têtes. Nous avions tout essayé pour nous en protéger, rien n'était efficace. La citronnelle même, semblait plus les attirer que les repousser. Malgré notre précipitation à tout replier, ranger et battre en retraite devant cet ennemi agressif venu en nombre, leurs attaques nous laissaient tout de même de cuisantes démangeaisons. Cela ne nous décourageait pas pour autant, nous retrouvions notre petit coin deux à trois fois par semaine. Le bol d'air frais que nous prenions au cours de ces agréables moments et le délassement que nous éprouvions à pique-niquer, l'emportaient sur le désagrément causé par les assauts de ces anophèles.

Toutes ces belles vacances, tous ces pique-niques de verdure et tous ces moments formidables passés avec ces deux êtres qui me chérissaient et que j'adorais ont contribué à me fabriquer d'excellents souvenirs. Leur façon de vivre et la manière qu'ils adoptaient pour aborder et résoudre les problèmes de la vie m'ont été d'une grande utilité dans l'apprentissage de la mienne.

Après ces années, toutes les occupations auxquelles je m'étais livré pendant ma jeune adolescence me sont apparues plus que futiles. Durant les deux ou trois ans qui ont précédé ma vie professionnelle, je pris la résolution d'utiliser mes grandes vacances scolaires pour goûter à une activité plus sérieuse.

J'ai débuté cette expérience dans un atelier de vulcanisation qui était une entreprise familiale composée du père et de ses deux fils. En qualité de débutant, je touchais un peu à tout, je démontais les pneus, réparais les chambres à air, faisais les courses et me présentais auprès des clients afin d'encaisser les factures en fin de mois. Alors que les deux fils s'étaient gardé le privilège d'intervenir sur les voitures de tourisme, mon assistance était plus particulièrement dirigée sur les petits véhicules utilitaires et les poids lourds. Ce n'était pas rien de changer le train complet d'un poids lourd quand on sait que l'outillage obsolète de l'époque n'avait rien de comparable avec celui qui équipe les ateliers de nos jours. Cela représentait quelque fois une occupation ininterrompue de toute une journée.

Lorsqu'un routier effectuait sa manœuvre pour se garer devant l'atelier, je me disais:

- Allez mon coco, c'est pour toi.

Déjà bien bedonnant pour son âge, un jeune chauffeur venu récupérer son poids lourd en fin de journée, tira de sa poche une pièce de cinq francs avec l'intention de me l'offrir en guise de pourboire. Cette pièce de cinq francs de l'époque (1955) n'appartenait pas à la monnaie des « francs lourds » établis en 1960 et qui précédèrent l'euro, mais à celle des « anciens francs »et ne représenterait aujourd'hui qu'environ trois quarts de centime d'euro.*

*Pour les matheux : 5 : 100 : 6.55957 = 0€.0076

A mon sens, ce geste était l'évidence d'une plaisanterie de grippe-sou et démontrait clairement que ce chauffeur avait des oursins dans ses poches.

Je n'ai certes pas perçu ce pourboire issu d'une grande générosité, mais plutôt comme une aumône qu'il m'accordait avec contrainte, ou tout simplement qu'il était mu par un esprit provocateur.

Il ne manquait pas d'air le bougre. Je pris la pièce dans la main, et, la faisant pivoter successivement de son côté pile sur son côté face, tout en regardant fixement mon généreux donateur dans les yeux, je lui ai demandé ironiquement s'il en désirait la monnaie. Puis, sans aucune hésitation, j'ai lancé son précieux don sur la chaussée longeant l'atelier.

Le geste fut accompagné d'une telle force, que la pièce roula une bonne vingtaine de mètres avant de s'immobiliser contre la bordure du trottoir opposé.

Sûrement plus vexé que surpris par mon comportement, ce jeune et généreux chauffeur me dit : - Tu as du caractère petit, tu iras loin dans la vie !

Ces mots résonnent encore dans mes oreilles et, à ce jour, tous les objectifs que je m'étais fixés ayant été atteints, je les perçois comme l'écho d'une prédiction qui s'est réalisée.

Libéré de mes chaines.

J'avais atteint l'âge de dix-sept ans depuis quelques mois, la sortie du tunnel devenait plus distincte, mes conditions de vie allaient changer. J'allais enfin connaître les limites de mon calvaire en fuyant les horreurs de mon quotidien.

Tout bascula dès la réception d'une réponse favorable à ma candidature que j'avais déposée auprès du Crédit Agricole d'Avignon. Ma joie fut indescriptible, elle était à son comble. J'explosais de bonheur et d'espoir. J'allais pouvoir vivre loin de l'ambiance de cauchemar endurée jusqu'ici au sein de l'antre de l'aspic.

Avec l'empressement dont on ne peut douter, j'ai bouclé deux grandes valises et me suis dirigé vers la gare. Je pris le premier train pour la Cité Papale avec le bonheur comme ami et fidèle compagnon de route. Mon cœur débordait de beaucoup plus de joie encore que lorsque j'allais chez mes grands-parents pour seulement quelques semaines de vacances. Ce départ était un voyage sans retour qui me permettait de claquer la porte derrière moi sur toutes les emmerdes du passé. J'étais sur la ligne de départ de ma vie professionnelle, les pieds bien calés dans les starting-blocks, fermement décidé à découvrir tous les secrets que la Banque renferme.

Après une heure et demie de trajet dont un arrêt à la gare de Marseille pour le remplacement de la locomotive, le train ralentit.

Mon cœur se mit à battre plus fort. Quittant la banquette d'un bond, j'ai collé mon nez contre la vitre et j'ai vu lentement s'approcher la gare d'Avignon pendant que les haut-parleurs annonçaient :

- Avignon, Avignon, cinq minutes d'arrêt, buffet…

Et puis encore :

- Avignon, Avignon, cinq minutes d'arrêt, buffet…

L'annonce fut répétée tant de fois que j'en vins à me dire : il est pratiquement impossible de manquer l'arrêt !

J'aperçus Soudain, mes grands-parents sur le quai, mon cœur accéléra encore son rythme. Le train n'était pas encore à l'arrêt que j'étais dès lors prêt à descendre par la portière que j'avais déjà ouverte. Avec de grands gestes, je fis signe à mes grands-parents qui se précipitèrent pour venir à hauteur du wagon. Dans un grand grincement de freins, le train finit par marquer l'arrêt complet. Je crois que ce fut seulement à l'instant où j'ai posé les pieds sur le quai de la gare et que j'ai été dans les bras de mes grands-parents que j'ai vraiment ressenti une délivrance totale. Alors que nous allions quitter le quai et que le train était sur le point de repartir, l'annonceur poursuivait :

-Avignon, Avignon, cinq minutes d'arrêt buffet…

- Dis donc parrain, combien de fois vont-ils répéter l'annonce ?

- C'est moi qui l'ai demandé à mon collègue car je craignais que tu te sois endormi.

- Ha, ha, ha…

Arrivés à la maison, notre joie commune était à son paroxysme, nous étions au bord des larmes. Notre loquacité et notre excitation nous ont tenus éveillés fort tard après le dîner.

Au cours des deux jours précédant la date du rendez-vous avec le Directeur de la Banque, j'ai fait l'achat d'un costume de très bonne coupe et de couleur bleu marine, d'une belle chemise avec cravate et d'une paire de chaussures. Inutile de dire que j'étais loin de ressembler à l'épouvantail vêtu des guenilles qui me furent un jour imposées par la mégère. Je fus accompagné par mes grands-parents au rendez-vous fixé par le Directeur Régional. Ils s'étaient mis sur leur trente et un. Ma Marraine avait un peu forcé sur son parfum, quant à mon Parrain, je n'en croyais pas mes yeux, il était beau comme un sou neuf. Il avait mis ce qu'il avait trouvé de mieux. J'étais fier d'eux. Tous les trois avec la même anxiété, nous sommes arrivés à l'heure fixée pour le rendez-vous et, sans attendre, nous avons été reçus dans un grand et luxueux bureau. Très impressionné par l'accueil chaleureux du Directeur Régional lors de cette première rencontre, je suis resté presque immobile dans l'un des confortables fauteuils de cuir brun. Je veillais constamment à ne pas m'y laisser glisser au risque d'avoir une position vautrée. Je me sentais paralysé par une timidité qui me gagnait peu à peu devant cet homme d'une cinquantaine d'années qui me faisait face avec une imposante prestance. Au fil des nombreuses questions auxquelles je m'empressais de répondre avec application et respect, j'avais l'insupportable impression d'être analysé, jaugé et mis à nu. Après avoir fait le point sur une perspective de carrière bancaire, notre tête-à-tête se termina sur un contrat d'embauche. Ma tension nerveuse avait été mise à telle épreuve et ma joie était si débordante, qu'aussitôt après la fin de notre entretien, j'en suis reparti tout excité avec l'impérieux besoin de me défouler.

- Arrête de faire le pantin. Si le Directeur t'aperçois par la fenêtre de son bureau, que va-t-il penser de toi ?

Sur cette mise en garde, je me suis soudain ressaisi, pour ne me lâcher et me défouler à nouveau en sautillant d'un pied sur l'autre qu'après avoir dépassé le coin de la rue.

Cette étape franchie, il ne me resta plus qu'à attendre le lundi suivant pour prendre mes premières fonctions.

Au cours des trois ou quatre jours qui me séparaient de cette date d'embauche, j'ai pensé que j'en aurais vite assez d'effectuer mes allers et retours à pied, à vélo ou avec l'aide de mon solex. L'envie de plus de commodités devenant mon plus cher désir, me poussa à présenter ma demande de permis de conduire.

Permis de conduire.

Je ne me souviens plus à quel âge, mon grand-père a commencé à me prendre sur ses genoux pour me confier le volant de sa voiture. Ce dont je me souviens c'est que mes pieds ne pouvaient pas encore atteindre les pédales.

A chaque sortie, sur des petites routes très peu fréquentées, mon grand-père me soulevait du siège du passager et me posait sur ses genoux pour un nouvel exercice. C'était toujours une immense joie pour moi de conduire. Quand une voiture motorisée ou attelée se présentait en face, mon grand-père portait ses mais à côté des miennes sur le volant par sécurité. Au fur et à mesure que je grandissais, j'étais heureux de voir que les pédales se rapprochaient jusqu'au jour où :

-Ca y est Parrain, regarde, j'arrive à toucher les pédales.

-Oui, c'est bien, mais ce n'est pas encore suffisant. Pour que tu sois en mesure de bien conduire, il te faudra avoir un bon contact avec les pédales tout en étant confortablement assis sur le siège et non sur le bout de tes fesses. Tu vas devoir faire encore preuve de patience pendant quelques mois.

- D'accord Parrain !

Une, deux, ou trois années suivantes.

Dis donc ! Viens t'asseoir non pas sur mes genoux mais à ma place car tu as suffisamment grandi pour conduire correctement.

C'est ainsi que dès mon jeune âge, je pris mes premières leçons de conduite avec mon Parrain qui, assis sur le siège du passager portait à la fois son regard attentif sur moi et la route. C'est dire sans prétention aucune, qu'à l'âge de quinze ou seize ans, je conduisais correctement avec une maitrise assurée.

Malgré les nombreuses leçons que j'avais reçues ainsi que les non moins nombreuses heures de conduite, je dus m'approcher d'un moniteur d'auto-école afin de déposer ma demande de permis de conduire.

Après ma première leçon de conduite, le moniteur me dit:

- Deux ou trois leçons seront suffisantes car vous avez une bonne maitrise. Appliquez-vous à bien connaitre le code et ce sera parfait.

Après ces trois leçons de conduite, le moniteur présenta mon dossier pour l'examen.

Le jour de l'épreuve, je me suis aligné dans la file des candidats dans l'attente que vienne mon tour et, sûr de moi, voire trop sûr certainement, car moins impressionné qu'un jour d'examen scolaire, j'ai pris place dans une dauphine Renault. Avec le même regard que celui d'un inquisiteur, l'examinateur me donna l'ordre de démarrer le moteur et la description du circuit à effectuer. Suivant les instructions de mon moniteur, j'ai pris bien soin d'ajuster le rétroviseur sans omettre d'insister pour faire remarquer mon geste puis j'ai ajusté la position du siège à convenance. Le parcours ainsi que la manœuvre de stationnement en épis réalisés sans problème, me portèrent vers un sentiment de satisfaction. Ce fut alors que l'examinateur me dit :

- C'est terminé ! Garez-vous à notre point de départ. Je n'avais jamais vu jusqu'à présent un candidat se présenter à l'examen et se permettre de baisser la vitre et poser son coude en totale décontraction ainsi que vous l'avez fait. Vous reviendrez après vous être corrigé. Vous êtes recalé !

Mon amour propre en prit un sérieux coup et mon sang ne fit qu'un tour. Au lieu de me soumettre aux ordres que je venais de recevoir et me garer le long du trottoir, j'ai brusquement accéléré. Après avoir atteint une bonne vitesse et entendu l'examinateur me dire : que faites-vous ?, j'ai planté un sérieux coup de frein. Nous étions en mille neuf cent cinquante-neuf, le port de la ceinture de sécurité ne devenant obligatoire qu'en1979 pour les places avant et seulement en agglomération, mon sympathique examinateur, à mille lieues de se douter de cette manœuvre intempestive, fut soudain projeté contre le parebrise. Il s'empressa de reprendre la parole :

- Je vous disais à l'instant de vous représenter après vous être corrigé, j'ajoute : « et également après vous être calmé ».

Retourné à la case départ, j'ai, pour la forme, repris deux leçons auprès du moniteur qui ouvrit un nouveau dossier. Le jour de l'examen arriva. Raisonné par mes grands-parents et conscient moi-même que je devais mettre un peu plus de douceur dans mes gestes, je pris place dans le véhicule. Quelle ne fut pas ma surprise, c'était le même examinateur qui, portant l'index de sa main gauche à son front, me montra les traces restantes d'une bosse et me dit :

-Vous vous souvenez ?

Après un simulacre de parcours, il me remit le papier rose.

Et vlan, deux coups pour rien !

Afin d'éviter le fastidieux, je ne citerai pas en détail ma troisième présentation à l'examen. Je me limiterai au comportement de l'examinateur qui me montra son front dont la bosse avait totalement disparu et me dit :

- Vous avez peut-être oublié, moi pas !

Un troisième coup pour rien. Je me suis empressé de retourner chez le moniteur en lui demandant de faire le nécessaire pour que je ne sois plus soumis au même examinateur.

Cela fut fait et c'est ainsi que j'ai pu obtenir mon permis de conduire lors de ma quatrième présentation. Comme diraient certains, tu l'as eu du premier coup à la quatrième fois.

Si au fil des années, sous la surveillance et l'enseignement de mon Grand-Père, j'avais évolué au niveau de la conduite, j'ignorais tout de celle qu'il fallait tenir auprès d'un examinateur dont la plupart sont des ingénieurs des mines et souvent des retraités de l'armée imbus de leur personne toujours prêts à imposer leur caractère autoritaire.

Visite écourtée à mes frères.

Depuis le début de mon activité professionnelle, le seul contact que j'avais conservé avec mes frères se limitait à quelques rares correspondances car, en ce temps-là, l'accès au téléphone portable n'était pas encore ouvert pour apporter les commodités à certains et permettre à d'autres d'en devenir totalement dépendants. A réception de la dernière lettre d'André, quelle ne fut pas ma peine à sa lecture. Il déplorait les conditions familiales qui ne s'étaient pas améliorées, bien au contraire. Le pauvre ! Le grand frère n'étant plus là, il avait pris sans le convoiter, le relais des engueulades et des coups. Il n'avait pas le moral et ressentait l'énorme besoin de se confier. Il en avait plus qu'assez de se soumettre, d'essuyer les brimades et de subir les sautes d'humeur, il lui tardait d'atteindre sa majorité pour sortir définitivement de l'enfer et fuir une permanente oppression faite d'une avalanche d'humiliations. En fait il enviait son grand frère. Les dernières lignes de sa lettre rapportaient sa peur bleue craignant que la mégère apprenne qu'il m'avait écrit. Il me demandait en P.S. de la détruire aussitôt après ma lecture. J'ai encore en mémoire sa dernière phrase.

« Après avoir lu ma lettre, brûle-la, car si la vieille en a connaissance, c'en est fini de moi. »

Bouleversé par les lignes sombres que je venais de lire, j'ai aussitôt détruit cette lettre et pris la décision de rendre visite à mes frangins pendant une semaine à Toulon. J'avais en tête d'aller les dérider en leur apportant un peu de baume dans leur cœur meurtri.

Pour ce faire j'ai pensé me rendre chez eux par mon propre moyen de locomotion, mon vélo solex. Ce projet tourmentait ma grand-mère, elle craignait d'une part que je me livre à quelques emportements à l'encontre de la mégère, et d'autre part, était peu confiante dans l'état de mon futur compagnon de route.

- Garde bien ton calme, ne réponds à aucune des provocations.

J'ai écouté ses multiples recommandations et l'ai tranquillisée:

- Ne t'inquiète pas Marraine, je resterai sur mes gardes et veillerai à ne pas prononcer un mot plus haut que l'autre. Je te le promets. Je n'ai pas oublié le comportement de cette folle.

Après l'avoir rassurée, je me suis aussitôt mis à la tâche consistant à réviser mon « destrier » qui n'était plus de première jeunesse. J'ai donc jugé opportun de lui faire subir une sérieuse révision la veille de mon départ. J'ai tout contrôlé. Malgré mes connaissances très limitées en mécanique, je me suis tout de même lancé dans cette délicate opération. J'ai démonté et nettoyé toutes les pièces, le cylindre, le piston, le volant magnétique. Installé sur le trottoir où j'ai pu terminer à la lumière du réverbère, j'ai travaillé jusqu'à très tard dans la soirée. Une fois terminé, j'avais confiance dans la qualité de mon travail accompli. Il ne me restait plus qu'à en tester l'efficacité après une bonne nuit de repos. Le lendemain en début d'après-midi, j'ai sereinement pris la route, avec au cœur la curiosité de goûter à cette nouvelle aventure.

Ma vitesse limitée aux environs de vingt-cinq kilomètres à l'heure, me laissa tout loisir de contempler les différents reliefs du paysage sans prendre le risque de dévier de ma route et partir dans le décor. Dès l'apparition des premières côtes, je ne fus pas sans me souvenir des difficultés auxquelles avait été soumise la vieille guimbarde de mes grands-parents sur le trajet de nos vacances au bord de la mer. Mon vélo solex qui n'avait pas suffisamment de puissance, commença lui aussi à devenir un tantinet poussif.

- Il va falloir pédaler mon vieux, sinon on n'arrivera jamais sur l'autre versant. Allez, du nerf, du muscle !

Je me stimulais avec ces quelques encouragements qui ne furent cependant pas suffisants, car j'ai dû stopper mon ascension face aux premières difficultés dans la côte située près de Cuges-les-pins. Sous la douleur de crampes, mes jambes qui chauffaient presque autant que le moteur et qui me faisaient un mal de chien, me forcèrent à faire une petite pause sans pour autant trop tarder. Le souffle repris et mes muscles détendus, il était temps de repartir au plus tôt car une bonne distance restait encore à couvrir. Hormis ce court mais douloureux incident, l'ensemble du parcours d'environ cent cinquante kilomètres s'est déroulé sans trop de difficultés, et ce fut en assez bonnes conditions que mon solex et moi-même sommes arrivés à destination. Tout comme mon Parrain le faisait envers sa voiture qui lui avait donné pleine satisfaction après une dure épreuve, j'ai eu également un regard attendri vers mon Solex en témoignage de remerciements.

Afin de créer un effet de surprise total, je n'avais pas annoncé ma visite à mes frères. L'oreille collée contre la porte, ainsi que nous avions l'habitude de le faire avec la peur qui nous tenaillait lorsque nous revenions de l'école, je ne perçus qu'un fond sonore qui provenait du téléviseur. Sans sonner, j'ai poussé la porte d'entrée, j'ai délicatement posé mon sac de voyage dans le vestibule, rangé mes chaussures dans le placard et, à pas feutrés, j'ai pénétré dans le salon. Vautrés tous les cinq sur le grand canapé, ils étaient captivés par un feuilleton. Mes trois frères ont immédiatement manifesté leur joie mêlée de surprise en bondissant comme un seul, ils m'ont embrassé à grands renforts d'éclats de voix, de tapes dans le dos et de rires. Cette effervescence dura moins de temps, qu'il ne m'en faut pour la décrire car nous fûmes aussitôt invectivés et contraints à nous asseoir sans bouger, et surtout à nous taire jusqu'à la fin de leur feuilleton à la (non, je gomme) à l'eau de rose.

Rien n'avait changé au niveau de l'ambiance.

La série terminée, les « vieux » se sont enfin décidés à bouger leur cul du canapé sur lequel ils semblaient scotchés. Hormis mon père qui manifesta sa joie, la gorgone se limita à faire mine de démontrer un semblant d'intérêt. Je ne me suis point leurré sur son comportement qui n'était que le témoignage d'une indifférence totale, et ce, même après une longue absence. Je ne m'attendais certes pas à lui découvrir un enthousiasme débordant, toutefois, j'étais encore suffisamment stupide, pour la croire capable d'un peu moins de froideur.

Je me suis dit :

- Si je n'étais pas venu pour partager un agréable moment avec mes frangins, je ne resterais pas, il est certain que je ne renouvellerai pas cette expérience. Mes frères en apprentissage toute la semaine, mon père également à son travail, je ne vais pas rester en tête à tête avec cette vieille baderne.

Dès le premier jour, à l'heure des repas, d'une manière insidieuse dont elle avait la maîtrise, la mégère en profita pour me pilonner de questions avec la ruse particulière qu'elle savait utiliser. Malgré le risque que je prenais d'être pris pour un imbécile à cause du mutisme dans lequel je m'étais réfugié, j'ai feint de ne rien comprendre à toutes ses allusions. Elle était bien sûr convaincue d'être suffisamment persuasive pour me tirer les vers du nez, et apprendre tout ce qu'elle brûlait de savoir sur ce qu'était ma vie en Avignon chez mes grands-parents. Peut-être, pensait-elle qu'avec le temps, j'aurais pu être victime d'une amnésie totale, ou bien que j'aurais pu faire l'impasse sur tout le mal qu'elle m'avait fait endurer pendant des années. Elle avait certainement oublié qui j'étais. La garce ! Les seules réponses que je formulais restaient toujours évasives et c'est en la laissant sur sa faim, que le dîner se termina. Mes frères et moi sommes allés nous coucher, trop heureux de nous retrouver et d'échapper à une atmosphère pesante. Des bribes de conversation décousue nous parvenaient du salon, les voix un peu hautes nous laissaient deviner sans peine un état d'excitation évidente, mais, trop occupés à rire et à jouer, nous n'y prêtions aucune attention particulière. Nous chahutions tout en gardant l'esprit vigilent afin de ne pas déborder vers trop de tapage. Nous savions, par triste expérience, que la harpie avait le fouet facile. Qu'importe si le fouet n'était en fait qu'un simple martinet, les coups portés avec violence ne manquaient pas de nous laisser des traces pendant quelques jours. Les fesses me cuisent encore quand j'y pense.

Au déjeuner du lendemain, la harpie en remit une couche, et me posa encore une flopée de questions avec l'espoir de m'arracher les réponses qu'elle n'avait pas pu obtenir la veille au soir. Je la connaissais mieux qu'elle ne me connaissait et me faisais une joie intense au travers du côté jouissif que j'en retirais. Je la laissais se débattre, un peu comme l'on noie un poisson pris au bout de sa ligne. Je me disais : jusqu'à quand va-t-elle résister à ce petit jeu avant d'exploser ? Le visage cramoisi par la colère, elle dit :

- Je sais que tu verses de l'argent à tes grands-parents et je vais m'en occuper.

Négligeant un instant les recommandations de ma grand-mère, je me suis accordé l'immense plaisir de torturer le monstre.

-Ah, nous y voilà ! tu finis par cracher ce qui te turlupine depuis mon arrivée, je me demande comment tu as fait pour ne pas exploser plus tôt. Voilà presque vingt-quatre heures que tu tournes autour du pot, presque vingt-quatre heures que cela te démange, presque vingt-quatre heures que j'ai le plaisir à te voir patauger et rager intérieurement. Oui, je verse une petite participation aux frais de nourriture, c'est tout à fait normal, non ? Et alors, ça te gêne en quoi ? Je reconnais cependant que tu m'as copieusement nourri d'injures et de maltraitance durant des années sans rien me demander et que.....

Je ne pus terminer ma phrase, les traits de son museau étaient tels, qu'ils étaient les témoins d'une réplique de son cru.

-Puisque tu lui verses de l'argent, je vais le signaler afin que lui soit supprimée la pension qu'elle perçoit à cause de l'état de sa vue. Je signalerai également depuis quand tu es chez eux, pour qu'un effet rétroactif soit appliqué au niveau des retenues sur les prestations qu'elle a perçues.

Les postillons qu'elle projetait lors de ses menaces appuyées de haine, ressemblaient de très près au venin qui s'écoule des crochets d'une vipère. Furieux devant un tel dessein, je n'ai fait qu'un bond. Sans terminer mon repas, j'ai quitté la table non sans toiser d'un air plus que méprisant ce chien galeux. Un chien enragé restera toujours un chien enragé jusqu'à ce qu'il crève ou qu'il soit abattu.

J'ai récupéré mon sac de voyage en toute hâte et après avoir pris le temps d'embrasser mon père et mes frères, je repartis aussitôt.

Deux jours au contact de mes frères étaient insuffisants mais je ne pus cependant prolonger davantage ma visite en présence de cet être abject dont la seule vue suscitait en moi le dégoût.

Profitant de ce court passage dans le Var, je me suis proposé de rendre visite à un ancien camarade de collège avec qui je m'étais lié d'amitié. Nous en avions passé des heures côte à côte, assis derrière le même pupitre, usant nos fonds de culotte sur le même banc. Je savais où le retrouver en cette saison d'été. Il ne pouvait être qu'avec ses parents en train de couler des jours paisibles dans leur coquette petite maison au bord de la mer à Carqueiranne.

Je repris aussitôt mon fidèle solex et, au bout d'une vingtaine de kilomètres, je suis arrivé à la plage du Coupereau. C'était un endroit magnifique où les couleurs changeantes de la mer contrastaient avec le rouge et brun des rochers fouettés par les vagues. Leur coquette maisonnette, nommée couramment en Provence « le Cabanon », excellemment placée au centre de la petite anse où était amarrée leur barque de pêche, faisait bien des envieux.

Jo, ses parents et sa grand-mère y savouraient une vie sereine pendant toute la durée de la belle et de l'arrière-saison. A mon arrivée ils m'ont aussitôt ouvert leurs bras, en m'accueillant avec la sympathie et l'amour que je leur avais toujours connus. Quel contraste frappant avec l'ambiance que je venais de laisser derrière moi ! J'étais ému par la manifestation de leurs sentiments qui me rappelaient ceux de mes grands-parents. Dans ce cadre idyllique, tous mes tracas et contrariétés ont vite été oubliés. Tous les quatre, le père, la mère, la grand-mère et mon vieux camarade de classe, m'invitèrent en chœur à terminer le reste de mes vacances chez eux.

De bonne heure le matin nous partions lever les filets et les palangres posés la veille au soir. A midi, nous dégustions les sardines accommodées d'une sauce au cumin ou grillées sur les sarments secs de la treille. C'était quelques fois la bouillabaisse qui, préparée dans un gros chaudron par la mère et la grand-mère, venait fumer dans nos assiettes. Chez ces gens-là, l'amour et la bonne humeur régnaient en permanence. Tout était beau, le ciel, le soleil, la plage sans goudron, leur gentillesse, leur générosité sans limite. Rien ne semblait pouvoir altérer une telle harmonie.

Et pourtant ! J'ai connu un court moment de panique quand je vis surgir la voiture de mon père. Sa femelle qui en sortit d'un bond prétendit qu'elle était en souci et à ma recherche.

- Vous rendez-vous compte ? Nous étions dans les tourments, Guy est parti de chez nous sans nous faire savoir où il allait.

Mes amis n'étaient point dupes pour tomber si facilement dans le panneau. Ils connaissaient par l'intermédiaire de leur fils auquel j'avais fait mes confidences lorsque nous étions collégiens, toutes les plaies que j'avais connues lors de mon chemin de croix, ainsi que ma récente épreuve dont je n'avais pas manqué de leur faire part. J'étais cependant dans la crainte d'un scandale, je savais de quoi la harpie était capable. Devant ma panique, je fus aussitôt rassuré par le père de Jo.

- Tu n'as rien à craindre, ne te montre surtout pas, reste dans le cabanon et tiens-toi dans la petite chambre du fond. Ils n'auront aucune possibilité de te voir ni de te rejoindre car l'accès de notre porte leur est interdit.

Depuis son arrivée, la mégère n'avait cessé de scruter les annexes et les recoins. Elle avait rapidement repéré mon vélo solex que j'avais déposé contre le muret qui clôturait le petit jardin potager. Dès sa découverte, elle ne s'est nullement privée de pousser des cris et proférer des insultes. Sans aucun respect pour ces personnes si convenables et si aimantes, elle s'adressait à moi en vociférant :

- Je sais que tu es là. Sors si tu es un homme !

Comme la vulgarité était coutumière chez elle, la gorgone n'hésita pas un seul instant à surenchérir avec les termes d'un charretier rompu aux pires jurons.

- Sors donc ! Fais voir à tes amis que tu as des couilles.

Toujours blotti au fond du coquet cabanon, je m'en tenais aux recommandations qui m'avaient été adressées. Je me gardais bien de me montrer tellement la hantise de voir cette incursion dégénérer. J'étais comme tétanisé. La furie a continué à vociférer et à déverser des insultes à jet continu, puis, davantage épuisée qu'à court de venin, sans une once de regret ni de honte pour sa conduite ignominieuse, elle reprit sa place dans la voiture. L'incident clos, nous avons tous poussé un grand ouf de soulagement. L'orage passé, le calme revenu, nous avons repris nos occupations de la journée comme si rien ne s'était produit.

Après avoir goulûment gouté pendant quelques jours, à la chaleureuse ambiance noyée d'amour qui régnait au sein de cette famille, mes vacances touchèrent à leur fin. La peine au cœur, avant de nous séparer, nous avons partagé les mêmes chaudes embrassades dont s'étreignent ceux qui ne sont pas appelés à se rencontrer de sitôt.

Enfourchant à nouveau mon vélo solex, j'ai repris la route pour Avignon en pédalant dans les côtes, mais cette fois, sans souffrir de crampes. Peu m'importait la fatigue, j'étais à la fois empli du bonheur que j'avais connu chez mon ami et stimulé par la joie d'aller retrouver mes chers grands-parents que j'aimais, mon travail qui me plaisait, mes collègues sympathiques et ma petite vie bien tranquille.

Quelques jours seulement après mon retour, je reçus une nouvelle lettre. Cette dernière ne m'était pas adressée par André cette fois, mais par la mégère. Oui ! C'était la gorgone qui m'écrivait. Oh, ce n'était pas pour me dire que je lui manquais, pas du tout, mais tout simplement pour revenir sur le différend qui nous avait opposés. Sa lettre commençait avec les seuls termes de douceur que lui dictait son cœur de pierre : « Petite mise au point ! » Elle me reprochait ensuite d'avoir vécu sur le crochet de mes frères qui travaillaient, alors que mon temps passé au collège à ne rien faire, n'apportait aucune participation pécuniaire aux charges de la famille. Puis, après de longs reproches du même style, sans oublier quelques insanités à l'encontre de ma grand-mère, elle termina son torchon d'insultes par les mots : « A bon entendeur, salut ! », et signa de son prénom. Je lui sus gré toutefois d'avoir signé de son prénom plutôt que par les mots : Ta mère. Cela, aurait eu pour effet de m'exaspérer au plus haut niveau.

La corde au cou.

Mes grands-parents étaient loin de cautionner la relation que j'entretenais avec Mimi une collègue de bureau ils n'étaient pas chiches de reproches qui devenaient incessants, du style:

- Qu'est-ce que tu fabriques avec cette vieille de trente-cinq ans ?

- Cesse de courir à ton âge.

- Il est temps de penser au mariage.

Chaque jour, c'était ma fête ! Je collectionnais sans répit leurs réflexions qui redoublaient de fréquence jusqu'au jour où je fis la connaissance d'une brune et belle demoiselle. A compter de ce jour-là, le rythme de réflexions n'a pas varié mais sous forme d'encouragements.

Je ne me rappelle plus exactement les circonstances dans lesquelles j'ai rencontré cette fille. Le seul souvenir qui me reste de cette rencontre est que j'avais vingt-deux ans et qu'elle en comptait vingt-quatre. Grande, élancée et jolie, il ne lui en fallut pas davantage pour s'attirer les grâces de mes grands-parents qui n'avaient de cesse de me répéter :

- Si tu ne l'épouses pas, c'est que tu es fou.

Mon mariage devenait une obsession chez eux.

- Si tu laisses passer cette chance, tu te marieras quand ?

Et puis Marraine secouait la tête comme pour apporter son soutien à mon grand-père.

Dans cette situation assez inconfortable, Je me heurtais à la fois aux réflexions de mes grands-parents et aux larmes de Mimi qui n'entendait point de la même oreille mettre un terme à notre liaison de trois années. Face à son comportement et malgré tous mes efforts pour lui faire entendre raison, j'ai connu des moments très pénibles, des mots, des colères mémorables et des disputes continues.

Malgré beaucoup de regrets et la peine que j'infligeais à Mimi, je me soumis aux vives recommandations de mes grands-parents. J'ai accepté de me lancer dans la vie conjugale en prenant pour épouse celle dont ils m'avaient sans cesse battu les oreilles.

Marraine plus que satisfaite m'a donné les conseils et les recommandations d'usage pour éviter les dérapages qui pourraient mettre notre couple en péril. Parrain lui, était tranquillisé de me savoir bientôt stabilisé. Finies les escapades et les sorties en ville le soir chez Mimi jusqu'aux heures indues de la nuit.

Ma future épouse qui possédait de sérieuses compétences dans le domaine de la couture, avait elle-même dessiné et confectionné sa robe blanche. Son allure d'ordinaire élégante n'en fut que rehaussée par sa toilette qui, cintrée à la taille et faite de nombreux bouillonnés, était de très belle facture. Quant à moi, j'avais endossé pour l'occasion un superbe costume de coupe classique. Un détail cependant venait heurter mon esprit car je trouvais tout à fait déplacé que mon épouse arbore la couleur de la virginité alors que nous avions fêté pâques avant les rameaux. Cela ne choque plus énormément de personnes de nos jours où nous constatons la rapidité infernale avec laquelle évolue l'érosion des valeurs. Les couples sont pacsés ou bien mariés entre homosexuels.

La cérémonie s'est déroulée dans la plus stricte intimité. Mes « géniteurs » évidemment, n'ont pas assisté à la célébration de notre mariage car j'avais délibérément choisi de les éviter plutôt que de les inviter. Pas de vacarme causé par les coups de klaxons. De la sobriété et de la discrétion. Une simple et petite réunion de famille et d'amis, un cercle très intime d'une douzaine de proches seulement. N'ayant aucune conviction religieuse, nous ne nous sommes pas présentés devant Monsieur le Curé. L'empreinte que m'avait laissée mon séjour en pension chez les Frères me suffisait pour ne voir strictement aucune nécessité de recevoir quelques bénédictions que j'ai toujours considérées superflues et inefficaces.

A la sortie de la mairie, un succulent repas de noces qui dégageait un fumet odorant nous attendait chez mes beaux-parents. L'ambiance fut bonne, tout se déroula avec un air de fête. Ma plus grande joie ce jour-là, ne fut point celle de mon mariage que je ressentais presque comme imposé par mes grands-parents, mais plutôt celle de revoir mon ami varois Jo et de faire la connaissance de sa future épouse.

Pendant les quelques mois qui suivirent notre union, nous étions installés chez ma belle-famille, à l'étage d'une maison jumelée possédant un petit jardin. Quelques rares légumes languissaient sur une étroite platebande sous le désintéressement total du beau-père, alors que trois ou quatre pots de géraniums recevaient régulièrement leur quantité d'eau et d'engrais nécessaires sous les soins attentifs de la belle-mère. Outre cela, c'était plutôt un grand foutoir composé de rondins de bois et de matériel divers entreposés çà et là.

Le beau-père aimait bien taquiner la bouteille, mais ce n'était pas bien méchant. Nous le laissions faire à sa guise. Assis dans son fauteuil, le regard vif et tranchant comme une sagaie, il éclusait tous les soirs sa bouteille de vin verre après verre. Pendant ce temps, la belle-mère nous regardait du coin de l'œil quand, sous l'emprise de l'alcool, son mari bafouillait et divaguait légèrement.

Départ pour le Var

Au cours des mois qui ont suivi notre installation dans le Var, notre vie de couple ne reflétait plus le bon équilibre de ses débuts. Mon épouse n'affichait plus la même joie de vivre, sans pour autant me faire connaitre les causes de ses différents états d'âme.

Philippe, notre premier enfant est né puis notre fille Muriel le suivit de près de douze mois. Je les ai soignés, j'avais ça dans les tripes, j'y ai mis tout mon cœur. N'avais-je pas été formé quand je donnais les soins à mon petit frère Michel. Je n'avais nullement perdu la main et restais très efficace au niveau de l'application que l'on se doit de prodiguer aux bambins : Brassières, langes, molletons triangles, talc, un peu de pommade après le bain, les biberons à bonne température…

Quatre à cinq années se sont écoulées ainsi, ce n'était pas le bonheur comme on est en droit de l'attendre, mais, j'ai tout de même maintenu le cap en évitant roulis et tangage. J'avais été mis en garde et bien prévenu:

- Attention! Pas de divorce. On ne connait pas ça dans la famille !

J'ai assuré tant que j'ai pu, pour ne pas peiner ni décevoir mes grands-parents. J'ai toujours fait de mon mieux pour éviter les écueils qui auraient pu nous conduire au naufrage. Mon seul mais raisonnable salaire de la Banque ne suffisait jamais à boucler les fins de mois. J'étais fourmi, mais mon épouse était plutôt cigale. Pour remédier à ces problèmes pécuniaires, je me suis dirigé vers un complément de ressources en multipliant mes activités.

Tous les samedis, j'effectuais des déménagements et divers petits travaux qui se présentaient. Pendant des mois, et ce, trois nuits par semaine, au volant d'un camion Berlier, j'allais au grand marché de La Plaine non loin de Marseille. Je le chargeais à bloc en fruits et légumes, puis je reprenais le chemin du retour pour approvisionner l'Arsenal de Toulon. Après avoir effectué le déchargement à un rythme infernal, et ramené le camion au garage, je rentrais en toute hâte chez moi pour y prendre une bonne douche et, sans m'accorder le temps d'un repas, je regagnais le bureau où j'arrivais quelque fois un peu dans le cirage, mais toujours prêt à bosser.

Alors que mon travail hebdomadaire chez l'artisan déménageur avait été interrompu à la suite d'une période creuse, tous les samedis et dimanches au le lever du soleil, je pratiquais la pêche aux oursins par plongée, depuis le début du mois d'avril jusqu'à fin septembre. Sans assistance technique hormis ma combinaison sous-marine, j'en ai pêché par tous les temps jusqu'à cent vingt douzaines en moins de deux heures. C'était à tel point énorme que les collègues m'avaient collé le quolibet de « Pelle Mécanique ».

Après avoir livré quelques poissonniers, je satisfaisais également la demande de certains de mes clients qui m'en avaient passé commande dans la semaine lors de leur visite au bureau local dont j'avais la gestion.

Afin de remplir copieusement mon emploi du temps et de le rendre le plus productif possible, j'ai utilisé les après-midi de mes week-end en me lançant dans la carrosserie et la peinture de véhicules.

Lors d'un premier essai, le résultat obtenu avec quelques bombes de peinture sur ma moto qui avait retrouvé l'éclat du neuf, a aussitôt suscité en moi l'envie de progresser. Je pris dès lors la décision de tester mes capacités sur ma voiture dont la peinture de couleur rouge tomate qui avait souffert sous les intempéries, méritait vraiment de retrouver un meilleur aspect. J'ai récupéré le compresseur d'un réfrigérateur mis au rebut par un traiteur du village, j'ai négocié chez un ferrailleur un vieux réservoir d'air comprimé qui avait équipé le système de freinage d'un poids lourds, et, avec un vieux moteur électrique démonté sur une vieille machine à laver qu'un ami m'avait donnée, j'ai fabriqué de toutes pièces mon premier compresseur. Pour pouvoir peindre à l'abri de la poussière, je me suis installé dans un vieux garage au fond du jardin. Après l'avoir équipé d'un excellent éclairage, je me suis muni de pistolet, mastic et de tout le matériel nécessaire pour petits travaux sur carrosserie. Sans hésitation, dès que tout fut fin prêt, je me mis à l'œuvre dès le lendemain matin de très bonne heure. L'odeur de peinture qui se dégageait couvrait celle des fleurs et des quelques pieds de lavande, de romarin et de thym qui poussaient à l'état sauvage à proximité. Bien que ce fût mon premier essai sur véhicule, la surprise agréable m'enhardit pour donner suite en toute confiance à cette activité occasionnelle. J'ai peint ensuite plusieurs véhicules appartenant à quelques collègues de bureau. Le fruit de mes divers travaux m'a permis d'apporter une bonne bouffée d'oxygène dans notre trésorerie de fins de mois qui devenaient ainsi moins difficiles. Toujours confiant en ce en quoi je me lançais, et refusant de faire partie de ceux qui se lamentent sans faire d'efforts, j'ai toujours acquis une bonne expérience dans différents domaines.

Hors saison de la pêche aux oursins, je me suis lancé dans l'exploitation de six mille mètres carrés d'un terrain agricole que j'avais acquis au moyen d'un crédit bancaire auprès de mon employeur. Afin de ne connaître aucune difficulté face à l'engagement que je m'étais fixé pour rembourser rapidement cet emprunt, j'y ai travaillé le samedi, le dimanche et même tous les soirs très tard au moment des gros travaux de plantations. J'ai manié la pelle, la pioche, la barre à mine, le râteau, le plantoir... J'y ai cultivé dix-huit mille fraisiers et divers légumes. A chaque sortie du bureau, comme sous l'effet d'une rapide métamorphose, plus rien ne comptait pour moi hors ma petite exploitation agricole. Tout en conduisant et afin de ne pas perdre de temps, je me changeais sur les deux à trois kilomètres qui restaient à couvrir. Arrivé sur place, pour sortir de ma voiture, j'utilisais une méthode bien personnelle et peu recommandable. Je sautais alors que cette dernière continuait sa course sur sa lancée pour ne s'immobiliser qu'à une dizaine de mètres plus loin. Si je disais que cela était un peu fou, ce ne serait qu'un euphémisme. Je m'attelais aussitôt au travail : fixer les contrevents, planter tous les piquets, effectuer les semis... Pour m'assurer toute garantie de bonne fin dans ma petite exploitation, j'avais fait réalisé d'importants travaux de terrassement et construire un immense bassin en prévision d'un été éventuellement trop sec. Sa capacité en réserve d'eau alimentée par le ruisseau qui longeait ma propriété était largement suffisante pour irriguer toute la plantation, sans trop solliciter le puisage par forage dans la nappe phréatique. Lorsque la récolte de fraises d'environ quatre tonnes se présentait (deux cent cinquante grammes par plant), je faisais appel à des journaliers. La production de ma première année d'exploitation fut écoulée auprès du grand marché de gros qui grouillait d'un monde de revendeurs et de maraîchers. Ce moyen de commercialisation n'ayant aucunement satisfait mes espérances de rentabilité m'a conduit à changer mon fusil d'épaule. L'année qui suivit, je pris la décision d'orienter l'écoulement de ma production directement auprès des commerçants en fruits et légumes et quelques artisans pâtissiers locaux. L'élimination des intermédiaires m'a permis de réaliser une nette augmentation au niveau de la productivité. Enfin, pour couronner cela et au comble de l'audace, avant de rentrer au bureau, le matin vers sept heures trente, je m'installais tranquillement sur le trottoir longeant la Banque pour vendre ma production au quidam qui passait. Les nombreux chauffeurs de taxi, la marchande de bonbons, les commerçants du coin, le cireur de bottes dont le métier n'avait pas encore disparu, etc….tous étaient d'excellents clients. D'autres cireurs de bottes existent cependant de nos jours, mais sous une toute autre forme. Si leurs mains ne sont plus maculées de cirage, leur âme n'en est pas moins noire au travers de leurs fourberies

Sans oublier de porter régulièrement un regard sur ma montre afin de ne pas être en retard au bureau, je pliais boutique à sept heures cinquante-cinq. Tout mon matériel rangé dans ma voiture, ma cravate ajustée, j'endossais ma veste et, après avoir rapidement jeté un œil dans le rétroviseur afin de discipliner quelques mèches de cheveux rebelles, j'étais à mon poste. Ce travail complémentaire de maraîcher amateur a exigé énormément de mon temps pendant près de quatre années. Les résultats obtenus furent si satisfaisants que j'ai pu rembourser par anticipation le solde du crédit sollicité. Mon désir de réussir plus rapidement était si grand que je ne cessais d'envisager une autre activité beaucoup plus rémunératrice. J'ai mis cette propriété en vente et me suis orienté vers l'immobilier. Mais avant cela, nombre d'évènements se sont déroulés.

Naufrage de notre couple.

Malgré tous mes efforts, rien ne permit à notre couple de recouvrer son équilibre initial. Pire encore ! Soudainement, alors que depuis longtemps je pensais que tout risque de la revoir était écarté, la mégère fit son apparition. Je m'étais leurré. Trop heureuse de pouvoir distiller sa bile et son poison, elle réussit à faire de mon épouse son alliée. Elle n'avait pas sa pareille pour convaincre, séduire, vendre et acheter les gens. Elle le savait et s'en glorifiait auprès de qui voulait l'entendre. Pour parvenir à ses fins, elle a utilisé le prétexte fallacieux de connaître ses petits-enfants, elle a tiré sur la corde sensible du cœur et a attendri mon épouse qui s'est mise alors à plaider sa cause:

- Écoute, c'est quand même ta mère ! Si elle a envie de voir ses petits-enfants, c'est normal !

Le seul fait d'entendre « C'est quand même ta mère ! » avait pour effet de réveiller en moi tout mon passé, et de me laisser envahir par la colère.

- Pour moi, ce n'est que la grand-mère génétique de mes enfants. Rien de plus ! Tiens le pour dit, ne m'en parle plus et surtout, n'utilise plus l'expression « ta mère » lorsque tu oseras me parler de cette femme malgré mon interdiction. O.K. ?

Malgré mes avertissements fréquents, cette rengaine m'était tellement serinée à chaque repas que j'ai fini par céder, non par compassion, mais pour éviter de subir ce harcèlement permanent.

Au début, la vipère ne venait seulement que deux ou trois fois par mois, et à mon grand soulagement, seulement pendant mes heures de bureau. Si mon bonheur était celui de ne pas la rencontrer, le sien était surtout d'avoir l'entière liberté de répandre sa bile sans que je puisse m'y opposer. Puis, le pied dans la maison, la cadence de ses incursions s'est activée. Certains de nos proches auraient pu penser à une réconciliation entre nous. Ce n'était certainement pas le cas, car depuis belle lurette la cassure était définitive. Ne l'avais-je pas maudite à l'âge de cinq ans lors de mon arrachement à mes grands-parents ?

Je ne sus si ce fut sous les conseils de la sorcière que mon épouse donna des coups de canifs dans le contrat. Je n'ai pas cherché à connaître quel était le type d'homme avec lequel elle avait souillé le lit conjugal. Pour être direct, je dirai que je m'en moquais totalement, car mon mariage était davantage le résultat d'une simple amourette et surtout celui des pesantes réflexions récursives de mes grands-parents, qu'une union franchement édifiée sur un amour sincère et profond. Ce fut au bureau que les premières allusions me mirent la puce à l'oreille. Plus déçu que peiné, j'ai tout de même perdu nombre de mes illusions relatives au bonheur du mariage que mes grands-parents sacralisaient. S'il est vrai, dit-on, que dans le cœur d'un homme, souvent un cochon sommeille, il n'est pas moins vrai que certaines femmes se vautrent dans la fange comme de véritables truies.

A la suite de cette décevante situation, plus rien ne me motivait pour assurer le maintien du couple dont la situation ne cessait de se dégrader de jour en jour. Sans aucune hésitation, ma décision de divorcer devint irrévocable.

Pour ajouter au tableau une couleur plus sombre encore, la gorgone se fit un malin plaisir de prêter main forte à sa bru. Je la savais capable de beaucoup d'ignominie dont elle était capable d'en repousser sans effort les limites. Ce fut le cas. Alors qu'elle ne s'était jamais privée de dénigrer sa belle-fille sur son maquillage qu'elle qualifiait d'outrancier et de clamer sa mauvaise conduite à qui voulait bien l'entendre, elle a eu la perfidie de lui apporter son soutien. Son besoin permanent de m'atteindre et de me nuire la motivait tellement, qu'aucun obstacle fut-il de la pire bassesse ne la rebutait. Tout était pour elle un mobile pour faire le mal. Lui en fallait-il cependant un pour projeter naturellement son venin ?

Après notre séparation et cela bien avant le divorce, mon épouse est restée quelques mois encore dans l'appartement avant d'aller s'installer avec nos enfants chez ses parents en Avignon. A la suite de son départ, alors que je partageais l'appartement d'une amie, j'ai tout de même continué à honorer le paiement du loyer, en prévision d'un besoin éventuel de dissimuler quelques amours clandestines. Bien m'en prit. Bien ou mal, la suite le dira, car le jour où mon père décida enfin de quitter définitivement son monstre de femme, mon logement lui servit d'asile. Jeté à la rue comme un chien par sa cruelle moitié, il fut heureux de disposer d'un point de chute pour savourer une nouvelle vie de tranquillité. Ce fut la diligence dont je fis preuve pour recueillir mon père, qui attisa au plus haut niveau l'agressivité de sa femelle à mon égard. Dès cet instant, elle redoubla de férocité et de haine pour me priver de l'affection de mes enfants.

Après avoir échafaudé une sale machination, elle est intervenue auprès de l'assistante sociale, a fait état des pires témoignages mensongers sur mon compte, a insisté sur le fait qu'il ne fallait en aucun cas tenir pour sérieuse la requête de mes enfants, et a eu le culot de déclarer officiellement :

-Les enfants demandent et insistent pour rester avec leur père, car ils craignent d'être exposés à de cruelles représailles faute de faire une telle déclaration. Je sais de quoi mon fils est capable. Ses colères sont épouvantables, il peut devenir très violent. Les enfants le savent bien aussi, et ce n'est que la peur qui les pousse à faire cette déclaration. Ce qui est sûr, c'est qu'ils seront bien mieux chez leur maman. C'est une mère qui vous parle.

La salope !

Comment mettre en doute les paroles d'une femme qui témoigne contre son propre fils lorsque, par manque de professionnalisme, aucune démarche n'est accomplie pour apporter les preuves que cette femme n'est qu'une salope ? Les assistantes sociales auprès desquelles je me suis adressé, et dont leur opinion était déjà bien établie, se sont complues à maintenir leur position consolidée par la première version du serpent et ne m'ont présenté qu'une oreille sourde. La salope avait témoigné avec tant de force contre moi, qu'elle fut la seule responsable dans l'attribution du droit de garde de mes enfants qui me fut refusé.

Quand est venue l'heure de notre séparation définitive, nos enfants avaient quatre et cinq ans environ. Ils se sont agrippés à moi avec de chaudes larmes et des cris déchirants très pénibles à soutenir. Malgré leur réel désir de rester avec moi, leur souhait s'est malheureusement heurté à une vive opposition de la part de leur mère qui fit appel à la gendarmerie. Force fut ensuite imposée à mes enfants d'obéir. Noyé dans ses larmes, Philippe ne cessait de répéter :

- Dis à Madame la Loi que je veux rester avec toi.

Contraint et forcé j'ai dû plier sous une telle application de « justice ». Mes poings me démangèrent encore plus, lorsque leur mère soutenue par la mégère, me dit d'un air narquois :

- Je ne prends les enfants que pour t'emmerder.

Le serpent avait encore craché son venin, la limace avait marqué son passage en laissant l'empreinte de son mucus.

Le seul espoir pour connaître de meilleurs lendemains sans avoir à subir toutes les morsures de cet animal venimeux, était de ne plus jamais rencontrer cette garce sur mon chemin, ni d'en entendre parler jusqu'au jour où j'aurai l'incommensurable soulagement d'apprendre la bonne nouvelle de son décès. La bête serait crevée.

Mes souhaits les plus forts ne m'ont pas mis pour autant à l'abri. Je l'ai rencontrée une fois encore. C'était à Toulon, Place de la Liberté, elle était à une vingtaine de pas et se dirigeait vers moi sans m'avoir toutefois aperçu. Mes yeux crachaient déjà des flammes. J'ai pilé net. Les mains dans les poches de son imperméable, légèrement courbée, luttant contre le vent, la salope arrivait droit devant. Elle n'a pris conscience de ma présence qu'une fois arrivée à ma hauteur. Sous l'effet de la surprise, elle n'a pas desserré les dents, et a dû supposer, en découvrant mon air peu engageant, que la situation allait être tendue. Il est vrai que j'étais prêt à bondir. Comment ne pas avoir l'envie d'écraser la tête d'un serpent qui croise votre chemin ? Je l'ai toisée d'un air méprisant et lui ai dit :

- Mauvaise surprise ! n'est-ce pas ? Réalise bien que c'est Guy qui est devant toi et non André que tu as giflé en pleine rue devant son épouse et ses enfants. Je suis celui qui n'a jamais baissé le regard ni laissé apparaitre une seule larme sous chacune de tes humiliations et sales coups. J'ai su conserver intacte la haine que tu as fait naître en moi lors de ton intrusion, de tes insultes et de tes agressions portées contre ceux que j'ai toujours aimés. Sache que cet amour incommensurable que je leur porte n'a d'égal que la haine et le dégoût sans limites que je ressens à ton encontre. Depuis l'âge de cinq ans, je me suis attaché à cette haine que tu n'as fait qu'attiser par tes agissements odieux et sataniques. Cela dit, ne t'avise surtout pas quelle qu'en soit la cause à sortir tes mains de tes poches et faire un geste dans ma direction, sinon, je te crève sur place. Réalise que je ne suis plus le gamin dont le nez saignait sous tes coups répétés dans la salle de bains. Ouvre bien grand tes oreilles et écoute bien ce que je vais te dire : Chaque fois que le miroir me renvoie mon visage lorsque je fais ma toilette,, sache que ce qui m'écœure à la limite de vomir, c'est de savoir que je suis sorti de ton tas de fumier. Casse-toi immédiatement car je t'ai assez vue, retourne te vautrer dans ta fange comme une truie dans son lisier.

Sur ces mots, elle poursuivit son chemin en grommelant. J'en fus débarrassé à vie. Je n'ai ni cherché à suivre sa trace, ni à recevoir quelque information la concernant. Ce fut uniquement le jour lors d'une visite de mon frère William que j'appris par celui-ci que la bête était crevée. Il était venu, non pas mu par amour fraternel, mais pour me demander d'apposer ma signature sur un acte de succession. J'ai signé sans hésitation au bas du document après avoir porté la mention suivante : je renonce au bénéfice de mon droit de percevoir une part quelconque au niveau de cette succession. Mon unique héritage fut ce jour-là, ma libération totale et définitive de cette bête immonde. Finies les tortures. Le monstre avait enfin succombé et dès lors, sa mort mettait fin à toutes persécutions.

Outre l'incommensurable et inoubliable amour que j'ai reçu de mes grands-parents, je me suis souvent penché sur le bonheur complet que connaissent les enfants qui naissent dans l'amour dès leur premier jour et sont tendrement accueillis dans les bras de leur maman.

A ce jour, il ressort nettement que bon nombre d'êtres humains ignorent la véritable signification du mot Amour qui se définit sous ses multiples facettes dans le vocabulaire de la Grèce.

Au fil des siècles, seul l'amour Eros a été mis au pinacle loin devant les autres formes d'amour désintéressé.

Dans ce monde qui ne cesse de se déchirer par la cupidité, la convoitise, la jalousie…, l'amour est bafoué, galvaudé, riche en promesses mais totalement dépossédé de ses richesses profondes. Je n'ai perçu ses réelles vertus que dans les poèmes et les chansons qui ne sont en fait que des mots suivis de peu d'actes et qui caressent seulement les oreilles. Tout son sens, toutes ses valeurs sont malheureusement tenus prisonniers au quotidien derrière un épais mur érigé de haine.

Un peu de détente.

Après avoir remis ma lettre de démission au Crédit Agricole des Alpes Maritimes et avant de me remettre à prospecter pour rechercher un nouvel emploi, j'avais décidé de m'octroyer de bonnes vacances. Elles avaient été méritées et seraient pleinement vivifiantes, d'autant que les primes perçues me permettaient d'en goûter tous les bienfaits. Je pouvais ainsi découvrir une belle région de la Suède, et retrouver avec joie Gullvi dont j'avais fait la connaissance deux mois plus tôt, lors de ses vacances d'été sur la côte d'azur. Durant quelques semaines, j'avais su apprécier les charmes de cette belle, sympathique et souriante Suédoise aux cheveux plus blonds que les épis mûrs à la saison des moissons.

Les bagages furent rapidement bouclés, pour le départ. Arrivé à la gare, quelle ne fut pas ma consternation. Le personnel de la SNCF étant en grève et de ce fait, le trafic amplement perturbé, le train que je devais emprunter avait été tout simplement annulé. Mon projet bien arrêté, il fut hors de question de remettre mon voyage à plus tard. Informé par un guichetier, qu'un train assurait un départ de Vintimille pour la même destination, j'ai aussitôt demandé à mon amie de me conduire jusqu'à la frontière italienne. Le trajet rapidement bouclé me permit d'arriver in extremis et grimper dans ce train où je pris la première place qui se présentait. Sous un coup de sifflet strident du chef de gare, le convoi se mit aussitôt en route. Les pitreries bruyantes auxquelles se livraient cinq jeunes militaires dans le compartiment, me poussèrent à m'installer ailleurs au calme. Pour ce faire, j'ai déambulé de voiture en voiture, et fini par trouver ce que je souhaitais. L'espace ne manquant pas, je m'y suis confortablement allongé avec l'intention de pouvoir y dormir à souhait. Bercé par le fond sonore des roues sur les rails, je n'ai point tardé à rejoindre les bras de Morphée. Alors que j'étais plongé dans un sommeil profond, quelque chose de bizarre m'a soudainement sorti des doux bras du Dieu des songes et du sommeil. Le train était à l'arrêt. Que se passait-il ? Etions-nous en gare ? Pas du tout ! En passant la tête par la fenêtre, je m'aperçus que le wagon que j'occupais venait tout simplement d'être décroché et stationnait sur une aire dans la banlieue de Gênes. Dans ma recherche de confort, de compartiment en compartiment, j'avais tout simplement négligé de porter mon attention sur la destination du wagon dans lequel j'avais pris place. Je compris soudain la raison pour laquelle je n'avais eu aucune difficulté à l'occuper si confortablement. Ce fut dans une totale panique que je pris mes bagages à la hâte et que j'ai traversé les voies comme si le diable avait été à mes trousses. Par bonheur, dès ma sortie, je pus héler un taxi et, baragouinant tant bien que mal l'italien, je me suis fait conduire à « Genova Centrale ». Aussitôt informé de mon problème, le chauffeur se comporta comme un Fangio. Il traversa la ville à une telle vitesse, que l'on aurait pu se croire dans une scène poursuite d'un film d'action. J'ai franchi avec la même précipitation le hall de la gare puis, tout haletant, presque à la limite de suffoquer, j'ai rejoint le quai. Mes efforts ne furent pas vains car le train était encore là. Le nez collé contre la vitre de leur compartiment, les quelques jeunes militaires avec lesquels j'avais partagé un court instant la même banquette, me regardaient d'un air amusé et riaient gentiment de ma mésaventure qui leur parut évidente. Avec mille précautions cette fois, je pris place dans une bonne voiture occupée seulement par un jeune homme. Après avoir échangé les salutations d'usage et nous être entretenus sur quelques banalités, je m'aperçus qu'il lançait des œillades vers ma gourmette sur laquelle mon prénom « Guy » était gravé. Manifestant le désir de la voir de plus près, il me demanda de la lui tendre et me posa cette question :

- Tu es gay ?
- Pas du tout ! Gai, heureux tout au plus.

Il ne manifesta aucune réaction.

Était-il hermétique à l'humour et à la plaisanterie ? Son manque de spontanéité aurait pu porter à le penser. Quoi qu'il en fût, s'il n'eut aucune réaction à mon humour, il ne manqua pas de se manifester physiquement. Quittant sa banquette, il vint s'asseoir tout près de moi, et posa sa main sur ma cuisse. Je me suis levé d'un bond et, saisissant mes bagages, j'ai quitté mon siège en abandonnant ce « gay » luron sans regret. Le reste du trajet se passa sans nouvelle mésaventure.

Mon arrivée chez Gullvi eut un tel effet de surprise que je passe sous silence la joie ainsi que les instants fougueux de nos retrouvailles.

Nous étions en octobre. En cette arrière-saison, j'ai pu apprécier les magnifiques couleurs de brun et de roux qui auraient inspiré plus d'un peintre de talent. Gullvi me fit découvrir sa ville et les environs, ses monuments et ses musées. J'ai tellement été surpris par l'extrême propreté des rues, que je me souviens encore d'une réflexion qu'elle me fit en attirant mon attention sur un bout de papier à terre :

- Ici, vois-tu, on pourrait croire que c'est un boulevard de France.

Que peut-on adresser comme réponse à une personne qui a connu la côte d'azur envahie par des touristes peu scrupuleux ainsi que par les autochtones irrespectueux de la nature qui n'hésitent pas à souiller les plages de leurs déchets et les trottoirs de leurs mégots de cigarettes ? Aucune ! On ne peut que se taire et sourire à cet humour un peu caustique.

Ce séjour auprès de Gullvi aurait été d'un bonheur complet, s'il n'avait été terni par son épouvantable bambin de quatre ans. Gullvi était en adoration devant son fils, elle se soumettait à tous ses caprices. Il m'était assez difficile d'accepter une telle éducation, alors que celle que j'avais administrée à mes enfants était beaucoup plus stricte. Je sentais mon enthousiasme perdre de sa force, et n'avais en tête plus que l'envie de revenir chez moi, afin de retrouver le calme et mes tranquilles habitudes.

A mon retour en France, nous avons communiqué quelques mois, puis, le temps et la distance sont venus émousser nos sentiments.

Mon orientation vers l'immobilier.

Toutes les diverses activités auxquelles je m'étais donné jusque-là, ne furent pas sans avoir instillé en moi le virus du travail qui se développa au point de se déclarer sous la forme d'une forte fièvre de réussir.

Divorcé et délivré du serpent à sonnettes, rien ne pourrait désormais nuire à la poursuite de mes objectifs fixés sur l'immobilier. Mais comment en suis-je venu à exploiter ce domaine ?

Mes grands-parents me firent un immense cadeau en m'offrant une somme de quarante mille francs. Ce geste généreux et plein d'amour m'imposait le plus grand respect envers mon grand-père qui avait si durement gagné cet argent, et ma grand-mère qui l'avait épargné sur de longues années. Heureux et fermement résolu à leur démontrer que cette graine n'était pas tombée sur un sol stérile, je pris la décision de la faire se développer. Si mon emploi à la Banque ne m'avait pas encore dirigé vers une bonne connaissance des opérations boursières, j'avais cependant remarqué que la cote de l'or ne cessait de grimper. Avec beaucoup d'espoir, j'ai donc investi cette somme en l'achat de deux lingots. Quelques jours après mon investissement, quelle ne fut pas ma surprise ! Un véritable échec ! Les cours de l'or chutaient brutalement et la conjoncture économique ne laissait entrevoir aucun signe favorable au redressement de cette fâcheuse situation.

Quel pourrait être le moyen de réparer une telle mésaventure ? Vendre ou patienter ? Inquiet, désorienté, surtout pétri de honte à cause de la mauvaise utilisation que j'avais faite de cet argent si durement gagné par mes grands-parents, je me suis refusé d'atermoyer plus longtemps et courir le risque de voir ce capital fondre comme neige au soleil. Mes soucis n'ont pas pour autant connu un apaisement, car le jour de ma décision de procéder à la vente, celle-ci se heurta à la grève des boursiers. Pour réaliser une telle opération de main à main, il aurait fallu que je me soumette à l'impératif de me déplacer vers une place boursière. Devant autant de complications imprévisibles auxquelles je n'étais point rompu, j'ai préféré différer cette vente. Contrarié par ce concours de circonstances malheureux, je me disais qu'avec une scoumoune pareille, si j'avais été cordonnier, les gosses naitraient cul de jatte.

A la vente des deux lingots quelques semaines seulement après leur achat, je ne me pardonnais pas le résultat de ce placement qui s'était soldé par une perte sèche de quatre mille francs. Perdre dix pour cent en quelques jours sur de l'argent qui sentait bon l'odeur de la transpiration, me fit plonger dans une honte profonde. Que faire pour effacer cela ? Je ne cessais de m'adresser des reproches, et ne voyais comme seule solution réparatrice pour gommer et oublier cette énorme bourde, que la réalisation de mes projets immobiliers, non sans saluer au passage, Monsieur de La Fontaine qui, faisant s'exprimer le corbeau dit : « Honteux et confus, jura mais un peu tard qu'on ne l'y prendrait plus ».

En chat échaudé, depuis cette mésaventure, j'ai toujours fui avec une horreur indicible, tous les placements soumis aux fluctuations boursières.

Ma première opération immobilière consista en l'achat d'une vieille remise. Son état était tel, que je dus procéder à une totale restauration intérieure. Je n'étais qu'un débutant et, de ma vie, je n'avais jamais tenu en mains un outil quelconque concernant de près ou de loin la remise en état d'un bien immobilier. Ce fut donc totalement inexpérimenté et pour le moins soucieux, mais avec la ferme résolution de faire tomber tous ces obstacles et atteindre mes objectifs, que je me suis lancé dans les premiers travaux.

J'ai appris à doser correctement mes gâchées de mortier, puis, avec une cadence qui était loin d'être celle que je possède aujourd'hui, j'ai dressé des murs, monté des cloisons et posé des huisseries. Mes mains d'apprenti qui furent marquées au début de nombreuses ampoules et brûlures de ciment et qui ne ressemblaient plus en rien à celles d'un gratte-papier sont devenues beaucoup plus résistantes avec l'expérience et le temps.

La truelle est devenue moins étrangère et mes gestes plus habiles. En toute franchise, j'ai préféré confier à un artisan tous les travaux de plomberie qui me rebutaient par le total inconfort que l'on rencontre lorsque l'on est plié en quatre pour effectuer les travaux de branchement derrière un lavabo, un bidet ou sous un évier. Hormis cela, la qualité des matériaux mis à disposition rend le travail en lui-même d'une relative simplicité, et ressemble de très près à un jeu de construction pour enfants. Ce fut à force de nombreux croquis et schémas sur le papier, le sol et les murs, que je suis parvenu à de bons résultats au niveau des travaux d'électricité. Mon imprudence due à la rapidité avec laquelle j'effectuais les branchements, me valut bien souvent quelques frayeurs accompagnées de jurons que je n'hésitais pas à m'adresser sous l'effet de décharges électriques. Rompu depuis à ce genre de travail, cela ne m'évite pas aujourd'hui encore, malgré des gestes mesurés et une bien meilleure connaissance dans ce domaine, de vitupérer contre mes étourderies qui me valent quelques secousses. Pour finir, j'ai abordé le plâtre et le carrelage dont j'ai maîtrisé la pose après avoir essuyé quelques ratages. Tous ces différents secteurs du bâtiment auxquels j'ai gouté, associés à la satisfaction que j'en retirais au niveau du résultat m'ont porté enseignement. Ce fut la rentabilité dégagée par la mise en location de ce bien que je me suis fermement positionné dans le domaine de l'immobilier.

Après avoir réalisé au coup par coup, quelques petites opérations qui ne nécessitaient que peu d'investissement de départ, je me suis ouvert à d'autres de plus grande importance.

A la lecture d'un hebdomadaire, mon attention fut attirée par une annonce concernant la vente d'un bien immobilier sis à Hyères, et dont le prix me parut alléchant. Il s'agissait d'un bâtiment de trois niveaux d'une surface au sol de cent mètres carrés, et dont l'état nécessitait de très gros travaux. Bien qu'attractif, le prix d'acquisition trop élevé pour ma seule trésorerie, m'amena à informer mon voisin de cette opportunité. Désireux depuis quelques temps de participer avec moi à ces opérations juteuses, et, comprenant rapidement que l'affaire que je lui proposais ne le serait pas moins, nous avons constitué une association qui, depuis, a été scellée par une amitié de plus de cinquante ans. Après avoir calculé la rentabilité de l'investissement par le biais de la location de six appartements de type un à réaliser, et du local commercial existant, nous avons contacté une banque qui, à l'examen de notre projet, nous a accordé un prêt pour le financement de l'acquisition en indivision, et la réalisation des travaux de restauration. Je me suis investi au niveau de la main d'œuvre et réalisé, une très grande partie des travaux. Mon associé et ami, dentiste de profession très pris par son cabinet dentaire, ne pouvant disposer de son temps comme je le faisais pour les travaux que j'effectuais, compensait financièrement cette carence par l'achat de certains matériaux.

Tous les soirs, sans exception, après avoir terminé ma journée auprès de mon employeur, j'ai assuré la réfection intérieure totale. J'ai démoli les plafonds de plâtre qui étaient lézardés en les habillant de lambris, les vieilles tomettes cassées ou manquantes ont fait l'objet d'un ragréage avant d'être recouvertes de belles moquettes, de nouvelles faïences ont décoré les murs des salles d'eau et cuisines, les huisseries ont été rafraichies par de nouvelles persiennes en remplacement des très anciens volets quasiment pourris par la moisissure. J'ai contrôlé la toiture et remplacé quelques tuiles. J'ai fait le maçon, le peintre, le menuisier, le carreleur, l'électricien, mais, toujours par manque d'expérience et surtout d'enthousiasme, je me suis refusé d'effectuer les travaux de plomberie que nous avons confiés à un artisan. Dans le but de réaliser les travaux au plus tôt afin de rentabiliser au maximum notre projet, je ne quittais souvent le chantier que très tard dans la nuit. Arrivé chez moi, comme un automate et malgré l'heure, je me servais un bon petit pastis avant d'attaquer un solide repas au cours duquel, je ne cessais de penser avec exaltation aux travaux que j'avais réalisés dans notre bâtisse. Après seulement trois à quatre heures de repos bien mérité, j'endossais le costume pour repartir au bureau.

Toujours motivé par le désir d'améliorer mon train de vie présent et d'assurer le confort de mon avenir, sans toutefois sombrer dans la cupidité dont se drape l'être humain en quête de fortune, je maintenais le cap sur la réalisation d'opérations immobilières.

Durant des années, j'avais flashé et souvent même rêvé de posséder la maison de maître avec jardin qui jouxtait l'appartement que j'occupais à La Garde dans le Var. Ce n'était qu'un beau rêve…, et puis un jour, j'aperçus un agent immobilier que je connaissais fort bien, sortir de cette magnifique propriété. Après m'en être approché, j'appris que l'objet de mes rêves était à la vente. L'affaire était déjà bien engagée mais non encore signée par le Crédit Agricole qui se proposait d'acquérir ce bâtiment pour procéder à l'extension de ses bureaux. A ma grande stupéfaction, l'agent immobilier me fit savoir que la Banque était disposée à procéder à un versement de deux cent mille francs sous forme de bons de caisse anonymes sur le prix de la transaction qui devait se concrétiser incessamment.

- Deux cent mille francs sous forme de bons de caisse ?

- Oui !

- Comment une Banque peut-elle faire du dessous de table ?

- Ne travailles-tu pas dans une Banque ? Tu devrais le savoir !

Une telle dissimulation pratiquée par un Etablissement bancaire était aussi surprenante que révoltante. J'étais encore quelque peu candide ! J'ai failli en tomber sur les fesses. Je ne suis cependant arrivé au bout de ma surprise que lorsqu'il poursuivit en me disant:

- Et, sais-tu qui est le vendeur ?

- Ben non, mais tu vas me l'apprendre.

- Le Président du Tribunal de Commerce.

Ecœurants ces Banquiers et Présidents. Joli monde en col blanc, toujours prêts à vous donner des leçons de morale, sans jamais hésiter à se comporter eux-mêmes comme des malhonnêtes en pratiquant la dissimulation pour alléger leurs taxes et impôts divers.

Ma démission du Crédit Agricole des Alpes Maritimes quelques années auparavant m'ayant laissé un goût amer, la dent que j'avais solidement gardée contre cet Etablissement étant toujours prête à mordre, j'étais plus que motivé pour intervenir dans cette affaire afin d'y déposer mon grain de sable. Je n'ai jamais fait partie de ceux qui oublient facilement. L'occasion d'apaiser ma rancune était trop bonne pour ne pas réagir. Alors que rien n'était encore signé, il était hors de question d'hésiter et de perdre du temps.

- Si je force un peu sur le dessous de table, penses-tu l'affaire possible ?

- Je pense que c'est évident, d'autant plus que tout n'est que verbal jusqu'à présent.

- Deux cent cinquante mille francs, qu'en penses-tu ?

- Cela ne peut que marcher mais grouille-toi !

Le temps de réunir cette somme d'argent auprès de mon associé, le surlendemain dans le courant de l'après-midi, je rendis visite au vendeur. Mon attaché-case ouvert sur son bureau ne manqua pas de susciter chez ce bon et très scrupuleux Président du Tribunal de Commerce, l'envie de saisir l'opportunité d'un dessous de table plus important et disponible immédiatement. Dans la foulée, après avoir obtenu un rendez-vous, nous nous sommes rendus chez son notaire par devant lequel nous nous sommes engagés par compromis.

L'acte d'achat fut signé au cours des quelques semaines qui suivirent et nous avons commencé les travaux de transformation selon les plans que nous avions dressés. Afin d'obtenir un maximum de rentabilité, nous avons réalisé six appartements et deux locaux commerciaux.

Les deux opérations immobilières réalisées sur Hyères et La Garde furent les plus importantes. Par la suite, d'autres affaires de moindre envergure ont été couronnées d'un même succès. Mû par le dessein de réussir et pourvu d'une volonté pugnace, sans faiblir, j'ai maintenu un rythme endiablé pendant plusieurs années.

L'immense bonheur que j'éprouvais, tant au niveau de mon activité enflammée, qu'à celui des résultats obtenus, ne réussit cependant pas à occulter en moi un vif désir de petite vengeance à la suite du sale coup que m'avait porté le Crédit Agricole des Alpes Maritimes.

Vengeance pleinement savourée.

Fort de savoir que les locaux du rez-de-chaussée de l'immeuble acquis à La Garde intéressaient fortement le Crédit Agricole pour l'extension de ses bureaux, j'ai pris contact avec le responsable de l'Agence locale. Je n'étais pas sans savoir non plus, que la Banque était par-dessus tout, intéressée par l'achat des murs. Ce fût donc avec un malin plaisir que je leur fis la proposition d'une acquisition de simple droit au bail. Après bien des grimaces et des contrariétés difficiles à contenir, ces Banquiers en ont verbalement accepté l'idée, et m'ont demandé de leur confier les clefs afin d'étudier toutes les possibilités qui s'offraient à eux afin de tirer le meilleur agencement pour leurs nouveaux bureaux. Sans réponse après les deux semaines de réflexion que je leur avais consenties et sur l'insistance du Directeur d'Agence, j'ai bien voulu surseoir en accordant un nouveau délai d'une semaine.

Ce report n'ayant eu pour résultat que la même hésitation à me donner une réponse définitive, je pris définitivement ma décision et dis au Directeur d'agence :

- Je n'ai pas mon jeu de clefs sur moi, peux-tu me passer celles que je t'ai confiées pour me permettre de relever quelques mesures ?

Après qu'il me les eut remises, je les fis sauter plusieurs fois d'une main à l'autre dans un agréable cliquetis.

- Merci ! Regarde-les biens car c'est la dernière fois que tu les vois. Tu peux en informer ta Direction Générale ainsi que les administrateurs somnolents.

- Donne-nous une semaine de plus, ne peux-tu pas patienter un peu ?

- Je n'attends plus rien de tes administrateurs, je renonce à accorder une autre rallonge. Respectueux des engagements que je prends, je n'en attends pas moins de ceux avec qui je traite une affaire. Explique-moi cependant pourquoi, connaissant votre incompétence à donner une réponse sous quinzaine, vous ne m'avez pas demandé un délai de réflexion plus long lors de notre premier entretien ?

- Je n'ai jamais vu une telle rigidité. As-tu au moins une bonne raison pour avoir une telle détermination ? Aurais-tu une dent contre le Crédit Agricole ?

- Oui ! Tu as vu juste ! Sache à propos de ma détermination, que celle-ci a été nourrie par une vilenie du Crédit Agricole des Alpes Maritimes que je te raconterai plus tard en détail, mais aujourd'hui, je n'ai pas le temps. A plus !

Bien que n'étant pas un orfèvre en la matière, je fus pleinement satisfait d'avoir pu leur démontrer que le pouvoir décisionnel avait en l'occurrence changé de camp. Situés à souhait au centre du village, nos locaux ont rapidement fait l'objet d'une cession par simple droit au bail à d'autres commerçants qui surent faire preuve de spontanéité de décision.

Quelques grains de sable.

Les travaux de plomberie que nous avions décidé de confier à un artisan lors de notre acquisition immobilière sise à Hyères, nous ont valu quelques ennuis.

Après avoir compulsé les petites annonces d'un hebdomadaire local, notre attention fut attirée par une l'offre d'un artisan dont les services convenaient parfaitement à ce que nous recherchions. Ce professionnel en quête de travail, disait posséder tout le matériel nécessaire pour effectuer toutes sortes de travaux. Nous avons aussitôt pris contact avec ce plombier qui s'est présenté le lendemain sur le chantier avec une ponctualité que l'on pourrait qualifier de militaire. Comme convenu, il revint le jour suivant et, après avoir déchargé tout son matériel impressionnant sur le chantier, il nous demanda une avance de deux mille francs à titre d'acompte sur l'achat de divers matériaux, (somme assez rondelette en mille neuf cent soixante-douze). Il mit le chèque dans la poche de son bleu de travail et nous assura de sa présence dès le lendemain pour démarrer les travaux. Le lendemain et les jours suivants passèrent, mais toujours pas de plombier. Alors que la moutarde me montait sérieusement au nez, nous avons vainement attendu pendant quelques semaines. La patience n'étant pas une de mes qualités premières face à quelqu'un qui manque à sa parole, je fulminais et sentais la colère m'envahir jusqu'au point d'atteindre son paroxysme. Bien décidé à récupérer notre argent, je me suis investi dans des recherches qui m'ont enfin permis de connaître l'adresse de notre « Arlésienne ». Craignant de me laisser aller à des débordements incontrôlés, j'ai demandé à Michel mon associé, de m'accompagner chez ce sinistre individu. Nous avons frappé à sa porte mais, alors que les bruits venant de l'intérieur étaient témoins d'une présence, nous n'avons pour autant reçu aucune réponse, Il était là ce cloporte. Il nous avait certainement aperçus par sa fenêtre, et, on le comprend aisément, appréhendait de nous ouvrir. Furieux, en véritable bombe, après un bon coup d'épaule, j'ai investi son appartement. Invité à nous faire connaître les raisons pour lesquelles il n'avait plus donné signe de vie depuis des semaines, il s'est perdu dans des explications plus stupides les unes que les autres. Peu enclins à poursuivre l'écoute de ses balivernes, nous lui avons demandé de nous rembourser l'argent de notre avance et de venir récupérer son matériel au plus tôt. C'est alors qu'il nous déclara ne plus posséder cet argent pour l'avoir utilisé au règlement des honoraires de son avocat qui le représentait pour son divorce. J'ai éclaté:

- Puisque tu nous dit être dans l'impossibilité de nous rembourser, nous allons résoudre ce problème par la vente du matériel que tu as entreposé chez nous. Si le montant de la vente s'avère supérieur à ta dette, après récupération de la somme que tu nous dois, nous te ferons un chèque de la différence. Nous avons suffisamment perdu de temps et d'argent avec un guignol comme toi.

Que lui est-il passé par la tête à ce moment-là ? Je n'en sais rien, toujours est-il qu'il prononça les seuls mots qui ne convenaient pas:

- Si tu fais ça, tu es un malhonnête.

Il a eu le culot de me traiter de malhonnête. Le con ! Mon sang ne fit qu'un tour. Je me suis jeté sur lui et lui ai asséné un magistral coup de boule qui lui fractura la cloison nasale, et, toujours animé par la même colère qui n'avait pas décru, je l'ai soulevé du sol pour le défenestrer. Mon ami qui m'accompagnait pour me raisonner et me freiner dans ce genre d'emportements, s'est soudain manifesté en me criant :

- Arrête! Arrête! Je pense qu'il a compris !

Conscient de la gravité de mon geste, j'ai aussitôt relâché ce voyou, non sans lui distribuer une bonne paire de mornifles avant de quitter son appartement. Très rapidement, nous avons ensuite vendu le matériel et récupéré notre argent. Notre « sympathique artisan plombier » n'ayant pas perçu mes propos de la même oreille, s'empressa de déposer plainte auprès du Tribunal en vue de récupérer le produit de la vente. Le moins que l'on puisse dire, c'est qu'il ne manquait pas d'air le bougre. Quelques semaines plus tard, je reçus une assignation à comparaitre en justice pour « coups et blessures » et, le plus exaspérant, pour « rétention de matériel avec dommages causés sur le plan professionnel ». La Juge du tribunal accompagna d'une sérieuse réprimande la légère amende qu'elle m'infligea pour coups et blessures, mais n'appliqua aucune sanction pour les autres chefs d'accusation dont le jugement de non-lieu débouta le plaignant.

Les révoltes intérieures et constantes que j'avais subies lors de mon enfance sous les assauts de la harpie, ont eu pour conséquences d'influer sur mon caractère. Mon refus d'accepter tout manquement au respect, accentué par une propension à m'enflammer à la moindre étincelle, m'ont quelques fois joué de mauvais tours et conduit à la barre du Tribunal. Je me souviens entre autres de ce cas en particulier.

Un jeune et sympathique couple de Marocains avec lesquels je m'étais rapidement lié de sympathie, occupaient l'appartement contigu au mien. Nous nous rendions réciproquement des petits services qui ne recevaient pas l'agrément du gardien de l'immeuble qui était un pied noir. Il exprimait manifestement de l'antipathie à l'encontre de mes voisins et la leur démontrait avec une profonde haine affichée. Il les toisait de manière hautaine et dédaigneuse. Son épouse, femme de ménage, plus perverse encore, déposait devant leur porte des excréments et des déchets de toutes sortes. Le comportement ignoble et sans limite de ce couple, les a conduits jusqu'à adresser au propriétaire de l'appartement occupé par mes voisins, un courrier par lequel ils lui demandaient d'expulser ces soi-disant mauvais résidents. Affolés par la lettre de dénonciation de bail qu'ils avaient reçue de leur propriétaire, mes voisins, leur mine complètement défaite, sont venus m'en informer et m'ont timidement demandé d'intervenir en leur faveur. En faisant état des faits réels, je me suis empressé de porter à la connaissance de leur propriétaire, l'excellente qualité de nos relations de voisinage et le comportement ignominieux de ce concierge raciste et mal dans sa tête, qui n'avait de cesse de persécuter ses locataires. Dès l'instant où le concierge eut écho de ma démarche, les agressions ont changé de destinataire. Les détritus étaient désormais déposés, non plus devant la porte palière de mes voisins, mais devant la mienne. Inutile de dire que je n'ai pas toléré très longtemps le comportement de cet emmerdeur. Deux jours plus tard, de retour de mon travail, alors qu'il empruntait l'ascenseur, je l'ai rejoint et l'ai pris au collet. Ah, il n'en menait pas large le bougre d'animal ! Pour se libérer, il s'agitait comme un ver au bout d'un hameçon, quant à moi, n'ayant nullement l'intention de lâcher ma prise, je l'ai mis en garde en le foudroyant du regard :

- Cessez immédiatement toutes vos saloperies, car si je suis amené une nouvelle fois à intervenir, je peux dès à présent vous assurer de moins de souplesse de ma part.

Tout en lui parlant, j'avais resserré mon étreinte au point même de l'étouffer. Le voir suffoquer et constater que sa face simiesque affichait une frousse intense était pour moi un plaisir sans limite. Pour mettre un terme à cette entrevue musclée, et avec l'espoir que la leçon serait bien comprise, je lui ai flanqué une bonne paire de gifles. Les détritus ne s'accumulèrent plus devant ma porte palière, mais l'histoire ne s'arrêta pas là. Sa femme renchérit dans la bassesse. Elle avait très certainement interprété le repli de son homme comme étant un affront dû à son absence d'amour propre. Peut-être, était-ce elle qui portait le pantalon ? Elle mûrit ses représailles. Quelques jours seulement après l'algarade que j'avais eue avec son époux, alors que je grimpais l'escalier dans lequel elle effectuait l'entretien, elle jeta soudain son balai, sa serpillère et renversa son seau. Dans ce même temps, elle s'étendit sur le sol à même mes pieds, en lançant à tue-tête des appels au secours. Ses hurlements, amplifiés par la résonnance de la cage d'escalier, se percevaient sans peine à tous les étages et dans la cour intérieure. Ameutés par les cris de détresse, de nombreux résidents ont tôt fait de venir former une grappe de badauds agglutinés autour d'elle. Refusant de m'étendre sur de vaines explications et de participer à l'effet théâtral de cette mauvaise mise en scène, la conscience tranquille mais tout de même marqué par un tel comportement, je suis rentré chez moi. En tournant le dos à cette mascarade et en abandonnant derrière moi tout cet attroupement, j'étais loin de penser que cette scène allait avoir une suite fâcheuse. Cette comédienne de femme d'entretien qui avait une idée bien arrêtée, s'est approchée d'un avocat et lui a donné sa propre version des faits en étayant cette dernière d'un certificat médical obtenu par complaisance. Quelle aubaine pour un homme de loi d'avoir à traiter une affaire si simple, et quelle honte pour ce docteur en médecine pour s'être livré à un tel acte. Le jour de son doctorat, peut-être avait-il fait le serment d'hypocrite ? Avec l'érosion des valeurs connue à ce jour, il est courant de constater de telles attitudes.

Je dus donc comparaitre une nouvelle fois devant la barre du Tribunal où je fus condamné à une amende que je perçus comme le résultat d'une totale injustice. Il ne m'en fallut pas davantage pour raviver ma rancœur et ma haine. Je me suis ouvert à tout emportement au mépris de la loi. Oh! Ce n'était pas des actes bien graves, mais je contrevenais à tout, par esprit de vengeance et de rébellion. J'avais attrapé le virus des mauvais garçons.

Avec un tel esprit moteur, j'en étais arrivé jusqu'au point de me « faire un flic ».

J'étais à l'arrêt, au volant de ma voiture, en attendant tranquillement que le feu passe au vert pour tourner à droite ainsi que l'indiquait le clignotant. Le flic qui était en faction au carrefour s'approcha de mon véhicule et me fit signe de baisser la vitre.

- Où allez-vous comme ça ?
- Je m'apprête à tourner à droite ainsi que le clignotant l'indique.
- Vous ne pouvez pas tourner sur votre droite.

- Et pourquoi cela, alors que je suis dans la voie de droite er que la signalisation au sol indique la manœuvre possible par une flèche.

- Tout simplement parce que je vous l'interdis.

- Y a-t-il une manifestation, des travaux ou un autre empêchement ?

- Absolument pas, mais je vous l'interdis, c'est tout !

- J'ai passé mon permis de conduire sur les bases du code de la route Rousseau et non sur les mêmes bases revues et corrigées par un flic. C'est dire que, sitôt le feu au vert, je vais tourner à droite.

Le flic se positionna immédiatement devant le capot de mon véhicule pour m'immobiliser.

- Si vous ne voulez pas être à l'origine d'une marque rouge sur la chaussé, je vous conseille vivement de dégager le passage.

Le feu au vert, j'ai démarré et le flic fit spontanément un écart sur le côté. Déstabilisé par la soudaineté de son mouvement, il ne put protéger suffisamment un de ses pieds sur lequel j'ai roulé. Déséquilibré et, pour ne pas être renversé, il rétablit son équilibre en prenant appui de ses deux mains sur le toit de la voiture.

Cela n'étant aucunement ma préoccupation, alors que j'allais poursuivre mon chemin, il donna un strident coup de sifflet en me faisant signe de m'arrêter.

- Descendez de votre véhicule et suivez-moi jusqu'au commissariat.

J'ai garé ma voiture et j'ai suivi ce flic qui n'a prononcé un aucun mot au cours de notre déplacement.

Lassé par ce silence je lui dis ;

- C'est le port de votre tenue qui vous autorise à outrepasser votre autorité ?

La distance que nous avions parcourue fut-elle suffisante pour lui avoir permis de réfléchir, il me dit :

- C'est bon pour cette fois, vous pouvez y aller.

- Quoi ? et c'est tout ? Vous pourriez au moins vous excuser pour m'avoir fait perdre mon temps.

- C'est bon, c'est bon, mais on se reverra !

Pauvre con !

Quand j'ai fait état de cet incident et que j'ai décrit le flic à mon père, il éclata de rire et me dit : tu es tombé sur le flic le plus con de la brigade, il colle même des procès à son propre père.

On se reverra, m'avait-il dit.

Nous nous sommes revus…….

Deux à trois années plus tard, au moment où je cherchais une place de stationnement, deux flics motards me firent signe de stopper. Sorti de mon véhicule, je reconnus aussitôt l'un des deux qui n'était autre que celui avec lequel j'avais eu un précédent différend. Il me dit :

- Votre clignotant droit est inopérant, présentez-moi vos papiers ainsi que ceux du véhicule.

Je me suis exécuté en lui tendant mon portefeuille qu'il refusa.

En déposant mes papiers sur le capot de la voiture et en lui montrant la Banque où j'étais employé je lui dis :

- J'en ai pour deux secondes pour faire savoir à mes collègues que je serai là dans un instant.

- J'eus juste le temps de tourner les talons qu'il me saisit violemment par le revers de ma veste. C'en était trop ! je lui dis :

- Il semble que vous vouliez en venir aux mains, soit ! quittez votre casque !

Quand il eut quitté son casque, j'ai poursuivi en lui disant :

- Et maintenant, ôtez votre veste !

- Alors qu'il était en train d'enlever sa veste et qu'il avait les deux bras entravés, je l'ai gratifié d'un bon crochet du droit qui le mit au sol.

Son collègue, bien moins belliqueux que lui, l'aida à se relever et lui conseilla d'en finir avec cette histoire.

- Nous nous reverrons, mais cette fois ce sera au tribunal.

Je me souviens de cet instant où, planté devant Madame le Juge, celle-ci, d'un ton sévère appuyé d'un regard qui ne l'était pas moins, m'adressa les paroles suivantes :

- Encore vous!

Pétri de crainte, je m'attendais à une sérieuse sentence. Je pensais que j'allais être maudit et crucifié. A ma grande surprise il n'en fut rien, je perçus la condamnation comme plus que raisonnable. En fait, l'amende fixée par le Tribunal à mille deux cents francs (en 1975) ne représentait que bien peu d'argent en comparaison du plaisir immense que j'avais ressenti en administrant une bonne correction à ce flic. Quand je reconsidère la situation aujourd'hui, je me dis : Quel bonheur d'avoir pu me procurer un tel défoulement sur un flic pour si peu de conséquences. Il n'en serait plus de même de nos jours.

J'ai cependant réalisé en une fraction de seconde, sous le regard sévère de cet élément représentatif du pouvoir judiciaire, que je me devais de quitter la voie dangereuse et peu convenable dans laquelle je m'étais engagé.

Depuis, bien des années se sont écoulées. Ne dit-on pas que le temps apporte la sagesse ? Je n'ai plus jamais été cité à comparaitre. « Poulvou qué ça douré », ainsi que disait la mère de Napoléon. Cela a duré car, malgré leurs démangeaisons, j'ai su garder mes poings dans les poches lorsqu'une une occasion opportune à leur défoulement se présentait.

Un peu de ciel bleu.

Depuis mon divorce, j'entretenais une liaison avec une femme fort sympathique qui était mon ainée d'une quinzaine d'années. Au début, nous avions abordé la question portant sur la fragilité de notre union à cause de notre différence d'âge. Si celle-ci n'était pas une préoccupation majeure du moment, elle le deviendrait inévitablement plus tard sous l'outrage des ans.

Prévenue dès les premiers jours sur mon intention de n'accorder qu'une durée limitée à notre relation, Suzanne en accepta les conditions. Elle se plaisait à dire qu'elle en était consciente et que dès lors, elle aborderait notre séparation avec une totale sérénité quand il en serait temps.

Les propos tenus ont vite changé de tournure quand j'ai sérieusement porté mes regards sur l'une de mes collègues de mon âge. Rien ne s'est fait dans la facilité. La tendresse de ma compagne s'est aussitôt transformée en constante agressivité et notre séparation s'est déroulée dans de mauvaises conditions ainsi que cela se passe très fréquemment. Cette expérience de la vie m'a enseigné que les problèmes ne revêtent pas la même importance lorsqu'ils sont à longue ou brève échéance. Cette même expérience m'a également appris de ne jamais oublier que les jolies dents découvertes par le beau sourire d'une personne, seront les mêmes pour mordre férocement.

Depuis quelques mois, cette très jolie collègue n'avait pas manqué d'attirer mon attention. Elle sortait du lot, elle était belle, élégamment vêtue, avec une coiffure au carré si soignée, que l'on aurait pu penser qu'aucun de ses cheveux ne lui était rebelle. A la pause-café, elle affichait souvent un air triste, et déclarait quelques fois, lorsque la pénible ambiance au sein de son couple la portait à faire quelques confidences, qu'un jour ou l'autre elle quitterait son mari. Elle ne supportait plus les conditions de vie qu'il lui faisait subir, mais son origine, sa bonne éducation, son respect scrupuleux des principes, mettaient un frein à la réalisation de ses plus chers souhaits. Au bout d'un long chemin de patience et de nombreuses déconvenues, j'ai toutefois pu attirer son attention et susciter chez elle quelques sourires de complicité. Grâce à la connivence du veilleur de nuit et agent de sécurité qui recevait souvent ses petits secrets, j'ai pu savoir, qu'Yvette avait enfin décidé de se séparer de son conjoint devenu de plus en plus violent et complètement désœuvré. Le cœur chargé, elle venait de lui faire la confidence suivante :

Après avoir traîné toute la journée dans les bars avec quelques copains de même nature, il ne rentre chez nous que tard dans la nuit. Persuadé de sauver l'humanité entière au moyen d'une médecine parallèle en laquelle il croit fermement, il milite avec le plus grand emportement. L'excitation causée par leurs discussions arrosées de quelques boissons, le rend plus agité que d'ordinaire et ses retours à la maison sont toujours accompagnés d'un grand tapage. Tous les voisins sont réveillés par les coups qu'il porte sur les portes et les cloisons. Dans la crainte, je suis obligée de protéger nos deux filles en gardant le silence, afin que la situation ne se dégrade.

Mon allié ce matin-là, m'a interpelé de la sorte:

- Vas-y Guy, c'est le moment, porte l'estocade, ça a bardé hier soir, tu as toutes tes chances.

Il me fallait passer aux actes sans tarder. Quand je vis Yvette se diriger vers le coin détente, je l'ai rejointe aussitôt. Elle était devant sa tasse brûlante de café et la triste mine qu'elle affichait ne pouvait correspondre qu'au compte rendu que je venais de recevoir.

A la suite de quelques réflexions alimentées d'humour et suivies de compliments sur sa tenue et sa coiffure soignée, son air triste se dissipa. Son visage se détendit peu à peu jusqu'à laisser apparaître un agréable sourire. Je -n'ai pas manqué de saisir cette opportunité pour lui proposer une soirée au restaurant pour lui apporter un peu de baume.

- Pour sûr, ça me changera vraiment de mes conditions de vie.

Yvette était d'accord. J'étais ravi. Nous avons quitté le coin repos pour retourner chacun à nos différentes occupations. Si parfois les aiguilles de la montre se précipitent, par contre, les heures d'attente ne passent jamais tel qu'on le souhaite. Cette première sortie agréable fut très prometteuse et déboucha quelques semaines plus tard sur une issue sérieuse.

Pendant les dix premières années, comme dans beaucoup de ménages, nous avons connu de très légères brumes, ainsi que le dit si bien Brel dans une de ses chansons. Puis, après notre mariage, dix autres années se sont déroulées dans un bonheur total avant que notre union ne soit détruite, non par le désaccord ou l'infidélité, mais par la maladie sur laquelle je m'étendrai plus loin.

Lorsque nous nous sommes mariés, nous étions installés dans une superbe villa agrémentée d'une grande piscine et de grands espaces gazonnés ornés de massifs de fleurs et d'arbustes odorants. Ici, ni le roi ni la reine n'étaient nos cousin et cousine. Rien ne venait troubler la sérénité et la joie de vivre de nos respectives quarantaines. J'avais planté des arbres fruitiers qui nous donnaient en abondance leurs fruits savoureux en complément du jardin potager qui, lui non plus, n'était pas chiche de légumes frais et naturels que nous avions plaisir à déguster. J'ai aussi pratiqué la cuniculiculture et élevé quelques poulets au grain en totale liberté. Leur chair ferme et savoureuse ne manquait pas de laisser sur le palais un petit goût de revenez-y. Malgré les avantages que cela nous apportait au niveau de la qualité, j'ai cependant suspendu rapidement ces deux dernières activités de loisirs car je détestais les jours noirs d'abattage qui imprégnaient en moi une tristesse profonde.

Hormis nos quatre chiens bergers allemands qui assuraient la sécurité de la propriété en notre absence et qui nous étaient déjà d'une agréable compagnie, non sans l'accord d'Yvette, j'ai décidé de prendre une chèvre. Un matin, alors que je me préparais à partir au volant de notre « Deudeuche » pour aller chercher la biquette, mon frère André est arrivé accompagné de son fils sur sa superbe et confortable Kawasaki. Après nos chaleureuses embrassades, je leur ai proposé de m'accompagner pour effectuer mon achat. Il n'en fallut pas davantage pour partir aussitôt tous les trois. Le trajet s'est déroulé dans une ambiance festive jusqu'à la petite bergerie bâtie de pierres sèches, accrochée au flanc de la colline. Nous avons tout de suite craqué pour une mignonne petite chèvre alpine. Elle était jeune, jolie, elle gambadait joyeusement, elle était docile et se laissait approcher et caresser sans manifester la moindre crainte. Elle sentait bon le chèvrefeuille et les herbes sauvages de la colline, en un mot, elle répondait tout à fait à ce que je désirais. Je me suis empressé de dire :

- C'est celle-là que je veux.

Aidés par le berger, nous l'avons installée du mieux que nous avons pu dans le coffre de la voiture. Ce que j'ignorais encore, c'est que l'éleveur, qui avait décidé de prendre sa retraite, désirait se séparer le plus rapidement possible de tout son cheptel. Trop heureux de rencontrer quelqu'un avec qui bavarder dans ce coin perdu, il ne s'est nullement privé d'abonder en ce sens. Après autant d'années passées en solitaire en se consacrant uniquement à son élevage, il ressentait le réel besoin de connaître un autre mode de vie pour goûter aux plaisirs d'un doux farniente en profitant pleinement du reste de ses jours. Cela étant, il était heureux de nous faire visiter son immense bergerie qui sentait bon le fourrage et dans laquelle se reposaient, des agnelets de peu de jours, mignons à craquer, en mâchonnant quelques brins de paille. Heureux de voir l'intérêt que nous portions à tout ce qu'il nous disait et montrait, il ne manqua pas de saisir l'occasion de nous proposer d'autres bêtes aussi attirantes les unes que les autres. Cet homme si près de la nature et si loin de tout contact avec la société, mais pénétrant mieux l'être humain que ceux qui se côtoient tous les jours dans une totale indifférence, devait bien sentir qu'il parviendrait à me convaincre. Je fondais sous ses propositions et, malgré les regards que me lançait mon frère étonné, je me suis laissé entraîner sur une pente glissante, car je suis de ceux qui ont du mal à résister à l'envie d'acheter. Quand je suis séduit par quelque chose, je sens monter en moi, un plaisir décuplé qui me pousse à vouloir la posséder. Peut-être ne suis-je pas étranger à ce comportement que l'on nomme compulsif ? La production de ce berger était si belle et mon désir d'acheter si grand, que ma deux chevaux fut pleine à céder sous le poids de deux chèvres alpines, un bouc, un chevreau, un canard, trois canes, mon frère, mon neveu et moi. Tout ce petit monde formait une « faune » plutôt hétéroclite et pittoresque. Mon frère André n'était plus le gamin de seize ans craintif sous les coups de la mégère, il était maintenant un homme d'un mètre quatre-vingt-sept, mince, très élégant, ses cheveux noirs lui donnaient l'allure d'un hidalgo. Il portait ce jour-là, une très belle veste en daim, un pantalon d'une coupe irréprochable et des chaussures qui portaient la griffe Pierre Cardin. Sa tenue soignée ne l'empêcha pas d'être assis parmi toute cette ménagerie bêlante et caquetante qu'il fallait sans cesse surveiller. Il était plus qu'indispensable de veiller à ne pas prendre les virages trop brusquement, ni freiner trop brutalement afin d'éviter quelques coups de têtes et de cornes naissantes de la gent caprine. Il ne fallait pas oublier non plus de garder un œil vigilant sur les canards qui auraient pu souiller la banquette arrière de leurs déjections. Tout se passa très bien dans l'ensemble jusqu'au moment, où je vis mon frère faire de gros efforts pour glisser sur son siège. Le visage assombri, il essayait de se tasser comme pour se plaquer à même le plancher du véhicule. Il avait pour seul objectif d'éviter de se faire remarquer avec cette faune envahissante lors de la traversée de l'avenue principale de mon village. Les difficultés qu'il avait pour faire disparaître sa grande carcasse en si peu d'espace, nous ont fait éclater de rire, et ce fut dans une ambiance de troupe joyeuse que nous sommes arrivés à la maison.

Notre retour marqué par l'air stupéfait qu'afficha Yvette mit un bémol à notre enthousiasme. Son étonnement était à son comble devant notre voiture transformée pour la circonstance en bétaillère. J'ai eu droit à quelques gentilles petites réflexions, mais son amour pour les animaux l'emporta sur l'effet de sa surprise. Elle prit immédiatement l'adorable petit chevreau dans les bras et le cajola de mille bisous tout en se joignant à nous pour rire de cette aventure.

Ma joie d'avoir ce petit monde caprin n'a pas duré très longtemps car je n'appréciais pas du tout les dégâts causés par les chèvres et le bouc qui broutaient nos rosiers. Ces sales bêtes n'étaient jamais rassasiées. Quelques mois plus tard, à la suite de dégâts plus nombreux qu'à l'accoutumée, je les offris à l'un de nos voisin dont le plaisir de les recevoir n'avait d'égal que le mien de m'en débarrasser.

Quant au canard et trois canes que j'avais installés dans un très grand enclos, ils jugèrent un jour, que leur point d'eau n'était plus à leur goût. Ils furent saisis d'une envie subite d'ailleurs. Ils s'élançaient et parvenaient à franchir la clôture de grillage d'une hauteur de deux mètres et, pour satisfaire leur goût du luxe, ils allaient s'ébattre joyeusement dans notre piscine devenue pour eux une mare cinq étoiles. Après avoir pris la précaution de réduire d'un centimètre seulement la plume la plus longue de leurs ailes, je les voyais s'élancer avec la même vigueur, mais la stabilité de leur vol n'étant plus assurée, ils allaient heurter le grillage et chutaient tout aussi hébétés que des oisillons tombés de leur nid.

Devenus bien dodus, ils finirent un jour dans un plat bien garni de quartiers d'oranges.

Notre hobby : Le vélo.

J'ai connu le bonheur complet avec Yvette. Nous partagions les mêmes joies, les mêmes loisirs. Nous avions en commun la passion du vélo et un plaisir à la satisfaire ensemble sans limite. Nous avons participé à de grandes concentrations telles que Milan-San Remo, La Seyne-Allos et le Mont Ventoux. Nous étions ce que l'on peut appeler des mordus de la pédale. Avec quelques collègues de bureau qui étaient membres du club que j'avais créé, tous les samedis matins nous partions faire de très agréables randonnées.

À part quelques acrobaties sans conséquence de certains débutants imprudents, nos sorties se sont toujours déroulées sans autre incident et dans une ambiance parfaite. Rien ne nous rebutait, ni la pluie, ni le froid, ni le Mistral, nous avions un sacré moral. Nous avons sillonné de long en large toutes les routes de notre belle région du Midi Méditerranéen, sans négliger les difficultés que représentaient le Grand Cap, le Coudon et le Mont Faron. De nombreuses médailles et coupes ont récompensé divers brevets dont celui de six cents kilomètres que nous avons bouclés en vingt-deux heures dix-neuf minutes représentant une appréciable performance par rapport aux vingt-quatre heures fixées par la F.F.C.T. Nous revenions, certes, quelques fois avec les traits bien tirés, mais tellement heureux de nos exploits, que lorsque j'y repense, ces souvenirs me réchauffent le cœur.

Un des moments les plus forts fut l'aventure que nous avons connue lors de notre ascension du Mont Ventoux. Pour le panache, nous avions décidé, Yvette, notre ami Pierrot et moi, de nous y rendre à vélo depuis Cuers dans le département du Var jusqu'à Malaucène, petit village situé au pied de ce géant de Provence.

C'est un parcours de cent soixante kilomètres voire plus. Yvette et moi, vraiment des « prêts à tout » et suffisamment entrainés, sommes partis dès le lever du jour. Quant à notre ami Pierrot qui n'avait pas le même entrainement que le nôtre, craignant que cette distance représente un handicap, il préféra se faire accompagner en voiture sur les premiers quarante kilomètres de faux plat par l'un de ses cousins. Ponctuels, nous nous sommes retrouvés au point de ralliement convenu. Ensemble, alors que Pierrot affichait un air plutôt soucieux face à cette longue escapade qui était pour lui une grande première, débordants de courage, les gourdes bien remplies et les poches arrières de nos maillots débordant de reconstituants énergétiques naturels, nous avons tout de même pédalé à bonne allure sans faiblir.

Nous étions enjoués, nous bavardions et franchissions les bosses avec une telle cadence de décontraction, que celles-ci étaient franchies sans que nous ayons éprouvé une quelconque difficulté. Malgré la distance, bien avant l'heure que nous avions prévue pour faire une halte, nous sommes arrivés frais comme des gardons à Cavaillon. Notre avance nous permit de nous installer autour d'une sympathique table dans un restaurant accueillant, dont le gérant fut émerveillé par la distance que nous venions d'effectuer. Nous en sommes repartis pleins d'entrain après un copieux déjeuner pour couvrir le peu de kilomètres qui restaient, et arriver en super forme à Malaucène en fin d'après-midi. Les autres membres du club qui avaient jugé préférable de venir en voiture avant d'attaquer l'épreuve du lendemain, nous attendaient et nous accueillirent avec prodigalités de félicitations.

La rude aventure du lendemain n'étant aucunement la préoccupation du moment, nous avons passé une soirée extraordinaire dans un restaurant typique de la région. Nous y avons dégusté un repas de choix, bien arrosé avec apéritifs, vins des côtes du Ventoux et liqueurs locales, sans trop nous soucier de la modération…C'était la fête, le délire, la joie, une ambiance sans pareille, peut-être due à notre état d'excitation avant l'épreuve qui nous attendait.

Nous étions un groupe de douze et avions réservé nos chambres par téléphone auprès d'un hôtel situé en plein centre de ce village provençal. Quelle ne fut pas notre surprise en découvrant le bâtiment. C'était une très vieille bâtisse, les sols avaient un tel degré d'inclinaison, qu'il fallait presque une corde et un grappin pour éviter de se cogner aux cloisons lors de nos déplacements. Le clocher de l'église tout proche a carillonné sans défaillir toutes les heures et les demies tout au long de la nuit. Malgré l'heure tardive à laquelle nous avions rejoint cet hôtel, et notre sommeil régulièrement entrecoupé par le vacarme des cloches, notre repos nous parut suffisant. Il en aurait fallu plus que cela pour nous décourager. Après ces quelques petites heures de court repos, nous étions tous au rendez-vous, assez frais pour gravir les pentes de ce majestueux Mont Ventoux. Nous étions à ses pieds et, en le voyant si impressionnant avec la découpe de son sommet de rocaille blanche qui tranchait nettement avec le bleu d'un ciel serein, nous étions plus craintifs qu'admiratifs.

Nous nous sentions vraiment très petits devant l'épreuve à laquelle allait nous soumettre ce Géant de Provence. Pour atteindre son sommet qui culmine à 1912 mètres, nous devions surmonter les difficultés d'un pourcentage moyen de 7,15% et d'un maximal de 10,8% après un dénivelé 1.622 mètres sur 22 kilomètres 700.

Certains se laissaient aller à des commentaires, alors que d'autres plus impressionnés encore, préféraient rester silencieux.

Après un échauffement de quelques kilomètres, nous étions prêts à attaquer l'escalade contre la montre dont un trophée récompenserait le meilleur d'entre nous. Les moins puissants partaient à l'assaut les premiers, les plus costauds ensuite, avec un intervalle d'une minute entre chaque départ. Pendant que je mettais à profit le temps que j'avais pour m'échauffer, un rayon de la roue arrière de mon vélo a cédé. Bien que mon départ fût fixé en dernier, je ne pouvais cependant pas me permettre de perdre trop de temps pour faire effectuer la réparation. Il me fallut dénicher un garage dans une des ruelles du village. C'était un dimanche matin, et, seul un apprenti assurait la permanence chez un réparateur de cycles. Sitôt la réparation compendieusement effectuée par ce jeune apprenti, j'ai enfourché mon vélo pour attaquer l'ascension alors que tous les participants de notre groupe étaient déjà partis. Pour les « remonter » sans tarder, J'ai attaqué avec un braquet* moyen sans quitter des yeux mon chronomètre.

Quelques minutes seulement après mon départ, un premier copain que j'eus en point de mire ne manqua pas de me mettre du baume au cœur. Arrivé à sa hauteur, il en profita pour se caler un moment dans ma roue mais ne put soutenir le rythme que je lui imposais. Il me dit :

- Ne m'attends pas, vas-y, continue sans te relâcher.

C'est évidemment ce que je fis car il me fallait à la fois rattraper le temps que j'avais perdu à faire réparer ma roue et surtout remonter tous ceux qui avaient déjà pris le départ.

*Braquet : rapport de démultiplication entre le plateau et le pignon qui détermine le développement

Pour relancer hardiment la machine, je me suis mis en danseuse et j'ai écrasé les pédales du mieux que je le pus, sans pour autant me mettre dans le rouge.

Alors que je m'efforçais de garder un bon rythme constant, quelle ne fut pas ma surprise à la sortie d'un virage, quand j'aperçus devant moi un unijambiste qui grimpait beaucoup mieux que certains des quelque mille participants que comptait cette concentration. Je fus tellement décontenancé par le courage de ce cycliste qui dégageait non seulement une volonté à toute épreuve, mais surtout une force et une endurance hors du commun, que j'en ai cassé mon allure.

Que faire ? Malgré les scrupules que j'éprouvais à le dépasser, j'étais cependant conscient que je ne pouvais pas rester derrière lui avec admiration et perdre encore du temps. Sans vouloir me livrer à un humour noir, je me dis que ce n'était ni l'endroit, ni le moment d'en avoir les jambes coupées. Après l'avoir rapidement salué et félicité, j'ai remis la gomme pour poursuivre mon ascension dont la moitié du parcours restait encore à faire

L'entrainement que je possédais me permit de rattraper tous mes copains les uns après les autres dont le dernier à quelques centaines de mètres de l'arrivée. Au sommet, il faisait un de ces froids de canards, un véritable cauchemar.

Dès que nous posâmes les pieds sur le sol nous nous sommes jetés comme des sauvages sur les boissons chaudes que nous servirent les épouses des copains qui nous attendaient. Sans nous attarder dans ce froid glacial, nous sommes redescendus par l'autre versant dont la route, à l'abri du mistral avait été ouverte à sens unique. Après la souffrance que nous nous étions imposée, nous sommes vraiment descendus à un train d'enfer, (ainsi que le diraient certains : « comme des malades ») et, tirant profit de quelques rares lignes droites, nous avons déoassé un car et quelques voitures, sans nous préoccuper outre mesure de notre vitesse.

Sur la place du village, alors que nous étions heureux d'avoir accompli cet exploit et que nous échangions nos commentaires avec enthousiasme, le chauffeur du car que nous avions dépassé et qui nous reconnut aux couleurs de nos maillots se joignit à nous et nous dit :

- Avez-vous une idée de la vitesse à laquelle je roulais lorsque vous avez doublé mon car ?

-Non aucune!

- L'aiguille de mon compteur affichait une vitesse de quatre-vingts.

Il est vrai que descendre entre quatre-vingt-cinq et quatre-vingt-dix kilomètres à l'heure était réellement grisant. L'air fouettait nos visages et nous en retirions une certaine joie enivrante après notre effort. Cependant, très certainement ramené à la raison par les commentaires du chauffeur sur cette vitesse excessivement dangereuse, j'ai depuis, toujours fait preuve de prudence dans les pentes que j'ai descendues.

Après une douche revigorante, nous nous sommes rendus en voiture cette fois, dans le magnifique petit village de Fontaine de Vaucluse.

Ce site merveilleux connaît tout au long de l'année une très forte fréquentation, tant des vauclusiens qui en font leurs promenades routinières du dimanche tel un pèlerinage, que des touristes qui sont attirés par ce lieu incontournable. Son brusque changement que l'on pourrait qualifier de capricieux, est impressionnant entre son demi-sommeil en saison chaude, et sa forte résurgence au cours du printemps où ses eaux dévalent en cascades bouillonnantes entre d'énormes rochers recouverts d'une épaisse mousse.

La Sorgue qui prend sa source à Fontaine de Vaucluse, village autrefois nommé « Vallis Clausa » est située au cœur des Monts de Vaucluse et du Pays des Sorgues et reste la plus belle rivière du département.

En dépit de toutes les recherches effectuées par divers spéléonautes dont celui en mémoire de beaucoup, Jacques-Yves Cousteau, avec une profondeur atteinte de −315 mètres, l'origine de cette source reste à ce jour inconnue.

A la suite de quelques achats de cartes postales et d'objets divers pour marquer l'empreinte de notre prouesse, nous avons visité l'usine à papier dont les feuilles incrustées de pétales de diverses fleurs ainsi que de frondes de fougères, sont délicatement confectionnées devant nos yeux par d'habiles artisans aux gestes répétitifs depuis des lustres. Nous avons ensuite satisfait notre appétit creusé par l'effort, autour d'une table joyeuse d'une petite guinguette située dans un cadre frais et verdoyant à même l'une des premières cascades de la Fontaine de Vaucluse.

Combien nous avons apprécié le spectacle d'un banc de truites tournoyantes qui venaient happer les miettes de pains que nous leur lancions, ainsi que les écrevisses qui, tenues prisonnières dans des nasses laissaient deviner le sort que leur réservait le cuistot.

Je ne peux me priver de relater nos aventures sur les pentes du Mont Ventoux, sans faire état de celle entreprise l'année qui suivit.

Comme si nous avions jeté dans les oubliettes notre récent calvaire, nous avons pris la ferme décision de nous mesurer une nouvelle fois à ce Géant du Vaucluse. Le temps était très doux et nous peinions comme des forcenés dans ses côtes dont le pourcentage n'avait pas faibli. Tandis que nous montions, ceux qui en descendaient essayaient de nous faire passer un message appuyé par de grands gestes, mais leur vitesse ne nous permettait pas d'en saisir le moindre mot. Sans y attacher trop d'importance, chacun de nous a continué à grimper à son rythme. Ce ne fut qu'arrivés à hauteur du col des tempêtes, que nous avons enfin réalisé la teneur des signaux d'alarme qui nous avaient été lancés. C'était une vision apocalyptique. Les violentes bourrasques du Mistral avaient renversé la plupart des cyclistes qui, à terre, retenaient avec beaucoup de difficultés leur vélo qui flottait à bout de bras comme un drapeau. Bien rares étaient ceux qui avaient réussi à se maintenir sur leur selle. Si mes quatre-vingt-cinq kilos étaient habituellement un handicap pour gravir les côtes, en cet instant précis, je les ai très appréciés. Après avoir résisté un instant et atteint à grand-peine le prochain virage, je me suis mis à l'abri d'un muret de pierres en prenant bien soin de ne pas lâcher mon vélo. Inquiet pour Yvette, je la vis enfin apparaitre à pied, grelottante et épuisée et retenant son vélo avec beaucoup de difficultés. Usant du peu de forces qui lui restaient et, aidée par trois de nos camarades, elle réussit tout de même à endosser son k-way. C'est dans un froid glacial et sous un Mistral cinglant que nous avons pu enfin parvenir au sommet. Yvette ne pouvait contenir le tremblement de tout son corps tant elle était frigorifiée. Malgré le grand besoin que nous avions de nous réchauffer par quelque bon chocolat ou café chauds, les organisateurs surpris par cette météo soudaine, n'avaient rien d'autre à nous proposer que des canettes de bière ou de soda frais. Inutile de dire que nous ne nous sommes pas attardés mais avons illico presto enfourché chacun sa monture et rejoint le chalet Reynard auprès duquel nous avons pu récupérer quelques calories.

Pour ma part, j'ai effectué sept fois l'ascension de ce géant de Provence, non sans me dire chaque fois : « mais que suis-je encore venu faire dans cette galère »

Tous ces moments mémorables que nous avons eu le grand bonheur de vivre mon épouse et moi, nous apportaient la joie malgré les efforts, la souffrance et le froid.

En cours de semaine, Yvette, Pierrot et moi nous nous entraînions régulièrement. Nous laissions mon épouse partir avec une avance d'une quinzaine de minutes, à charge pour nous de la rattraper en appuyant comme des forcenés sur les pédales. Lors d'une sortie, le temps passait et toujours pas d'Yvette à l'horizon. Pierrot pensait qu'elle s'était trompée de route et ne se privait pas de ses commentaires :

- Rien d'étonnant, se tromper de route, c'est bien féminin.

- Mais non, elle connaît le trajet aussi bien que nous.

Il ajoutait alors:

- Alors, elle a le feu aux fesses ta Nénette aujourd'hui.

A la grande satisfaction de Pierrot qui avait grandement besoin de lever le pied et souffler, nous avons bien sûr réussi à rejoindre Yvette dès les premières difficultés. Nous poursuivions ensuite le reste de notre parcours à une vitesse moins éprouvante puis, d'une règle presque habituelle, notre sortie poursuite était parachevée dès notre retour à la maison, par un bon petit apéro casse-croûte.

Lors d'une autre sortie, ce fut Pierrot que j'avais laissé partir avec une bonne avance, toujours avec l'objectif de le rattraper sur la distance. Fermement décidé à ne pas se laisser rejoindre, il s'était lancé sur ce parcours plein de courage. Après avoir parcouru une bonne quarantaine de kilomètres et, étonné de ne pas être rejoint, il ne cessait de jeter des coups d'œil derrière lui tout en se disant :

- Qu'est-ce qu'il fait ce con ?

Animé par un optimisme débordant qui décuplait son énergie, il avait la quasi-certitude d'arriver le premier au bout du circuit. Plus que satisfait, il ne cessait de se répéter :

- Que je suis bon, que je suis bon !

Pendant qu'il s'adressait toutes ces félicitations débordantes d'enthousiasme, j'étais immobilisé loin derrière, victime d'une mésaventure. A l'arrêt à un feu rouge, je venais d'être percuté par une voiture dont le chauffeur étourdi n'avait pas marqué l'arrêt. Sans être très violent, le choc fut suffisamment important pour plier mon vélo. Dans un tel état, il me fut impossible de reprendre la route. Pendant ce même temps, Pierrot qui ne me voyait toujours pas arriver, sentait des ailes lui pousser et ne cessait de se répéter :

- Putain, que je suis bon !

J'ai immédiatement demandé au chauffard, de charger dans sa fourgonnette, ce qui ressemblait encore, mais de loin, à un vélo, et de partir à la poursuite du fuyard. Inquiet pour Pierrot, je voulais le rejoindre non pour lui couper sa joie, mais pour le rassurer et surtout pour l'assister en cas de pépin. Je dis donc à mon chauffeur occasionnel :

- Je ne peux pas laisser mon camarade seul devant. Inquiet de ne pas me voir, il pourrait m'attendre et s'inquiéter, ou pourrait lui aussi être confronté à un problème.

Pendant que nous étions à sa poursuite, Pierrot pédalait toujours comme une bête avec ses mêmes réflexions d'autosatisfaction. Lorsque nous sommes enfin parvenus à sa hauteur, presque en fin de boucle, je lui ai crié par la portière:

- Ça va Pierrot ? Tu as bien roulé aujourd'hui !

L'expression qui se dégagea de son visage était à voir. Je ne sus s'il fut plus étonné de me voir assis dans une fourgonnette, que déçu de ne pas avoir pu savourer une victoire qu'il pensait déjà remportée. Avec le visage tout cramoisi par l'effort soutenu qu'il avait fourni, il me répondit en bougonnant :

- Ça va pour toi mon salaud ? T'as pas souffert de crampes aujourd'hui ?

Stimulée par les encouragements que lui adressaient les membres de notre petit groupe cycliste et, satisfaite par les progrès obtenus, Yvette se lança dans le « Milan - San Remo ». C'est une grande concentration annuelle qui regroupait déjà en ce temps, plus de deux mille participants prêts pour couvrir environ deux cent quatre-vingts kilomètres. Mon épouse qui habituellement laissait apparaître quelque faiblesse dans les côtes, fit preuve d'un grand courage et d'une endurance extraordinaires. Dans la montée du Mont Turquino, elle sut donner le meilleur d'elle-même, puis elle gravit avec succès les trois « Capo » et fut du nombre des trois seules femmes les plus pugnaces qui franchirent la ligne d'arrivée dans le temps imparti. Oubliant la fatigue causée par les difficultés et la distance, Yvette qui a toujours accordé à sa coquetterie une place importante, regagna aussitôt l'hôtel, prit rapidement une douche et, revêtue d'une superbe toilette, revint se présenter sur le podium lors de la remise des prix en début de soirée. Comme il se doit, les trois dames furent récompensées en priorité avec les chaleureuses félicitations du comité d'accueil. Sur le podium, le jeune et bel italien ténébreux qui remit les récompenses n'avait d'yeux que pour Yvette dans son élégante tenue, alors que mon épouse ne portait ses yeux pétillants de joie, que sur sa magnifique coupe dont elle resta très fière. Après son succès sur une telle difficulté, elle se sentit pleine de courage pour s'attaquer à l'épreuve de La Seyne-Allos. Près de deux cents kilomètres faits de bosses, de faux plats et d'un important dénivelé.

Ce fut une très dure épreuve dont nous avons atteint le but, mais avec les traits du visage bien marqués.

Alors que la plupart des participants de notre club préférèrent effectuer le chemin du retour en voiture, Yvette et moi ainsi que trois autres équipiers avions décidé, de le faire à vélo dès le lendemain aux premières lueurs de l'aube.

Une bonne nuit de repos dans le chalet qui appartenait à l'un de notre petite équipe, nous remit sur pieds. Je fus le premier à mettre le nez dehors. Saisi par un froid glacial, je fis une rapide volte-face et me suis rapidement pelotonné contre le radiateur électrique.

- Que t'arrive-t-il ?

- Il m'arrive qu'il fait un froid de canard.

- Tu plaisantes ou quoi ?

- Je vous assure, il doit faire moins cinq.

- Cinq ? Ce n'est pas bien froid.

- Je n'ai pas dit cinq, j'ai dit moins cinq. Vérifie par toi-même.

Le responsable et animateur de notre petit groupe qui était non pas un mordu, mais un fou furieux du vélo, revint presqu'aussitôt et nous dit :

-Il fait effectivement frais, mais c'est normal nous sommes en altitude.

- Frais ? Tu plaisantes ! Je te garantis que le mercure est à quelques degrés en dessous de zéro. Il fait un froid de Sibérie.

- Hé, tu ne serais pas né à Marseille par hasard ?

- A Marseille ou ailleurs peu importe, je ne grimpe pas sur mon vélo avec un froid pareil.

- C'est vrai, il a raison, confirmèrent Yvette et deux autres équipiers en se frottant vigoureusement les mains.

Malgré un court instant d'opposition, la décision de notre chef de groupe l'emporta.

Alors que nous étions venus la veille en ce mois d'août, vêtus de nos maillots et gants d'été et que nos roues de vélos faisaient entendre un léger bruit par leur contact sur le goudron fondant, nous nous sommes tout de même lancés dans cette aventure dès cinq heures trente du matin avec rien de plus sur le dos que notre équipement de la veille. Le jour commençait seulement à se lever et toute la campagne environnante était blanche de givre.

Le bruit que faisaient nos dents qui claquaient, couvrait celui des roues libres de nos vélos. C'était de la pure folie.

Bien que le lever du soleil soit l'instant le plus froid, nous avions tout de même hâte qu'il paraisse pour sortir de la grisaille humide. Lorsque nous avons atteint le premier village, il était encore trop tôt pour espérer nous réchauffer dans un café. Nos doigts étaient à tel point engourdis par le froid, que nous aurions été dans l'impossibilité de serrer une poignée de frein en cas d'obstacle.

- En ce qui me concerne, je vais jusqu'au prochain village ou hameau et si le café est fermé, j'attendrai à l'abri, le temps qu'il faudra jusqu'à ce qu'il ouvre. Je n'irai pas plus loin dans ce froid.

Tous se sont finalement ralliés à cette idée et, en attendant que le bistroquet du nouveau village que nous venions d'atteindre, veuille bien ouvrir son estaminet, Yvette s'est réfugiée dans un vieux presbytère désaffecté, alors que les trois autres sont venus me rejoindre à l'intérieur d'une cabine téléphonique. Là, à quatre, dans cet habitacle aussi exigu, serrés comme des anchois, nous avons attendu impatiemment, avec, pour nous réchauffer, la seule chaleur de nos discussions. Notre exhalation était si dense, et la condensation qui en résultait était si abondante, qu'elle ruisselait sur les vitres de la cabine. Le bruit du rideau métallique du café bar se fit enfin entendre, nous nous sommes précipités comme l'auraient fait une bande de malfrats prêts pour un holdup. Après notre effet de surprise, le patron nous servit un copieux petit déjeuner et nous informa qu'il faisait moins cinq à l'extérieur.

- Tu vois que les marseillais ne sont pas si cons que ça !

- J'étais loin de m'attendre à une telle température en plein mois d'août.

- Peut-être, mais avec ton putain de caractère à vouloir toujours nous imposer ta volonté, tu nous as fait nous geler.

- T'as une carcasse solide, il en faut plus que ça pour venir à bout de toi. Ha,ha,ha !-

Nous avons laissé place nette. Plus de beurre, plus de pain, plus de confiture, plus de café ni de chocolat, nous avions tout avalé goulument.

Rassasiés et surtout enfin réchauffés, nous avons repris notre périple du retour dès les premiers rayons du soleil.

L'expérience acquise avec l'âge, une chose est certaine, pour rien au monde je ne recommencerais pareille aventure dans de telles conditions. Yvette et moi avons vraiment cru mourir de froid ce jour-là. Inutile de dire que le lendemain lors de notre retour au bureau, nos exploits « vélo » résonnaient dans les couloirs.

Grand chamboulement.

Si les couloirs de la banque retentissaient de nos exploits « vélo », ils se faisaient aussi l'écho d'un tout autre sujet qui concernait l'ensemble du personnel. Un grand remue-ménage était sur le point de s'abattre sur nous. Une fusion avec nos voisins des Alpes Maritimes allait être le synonyme de l'éclatement de l'ensemble du personnel. Peut-être à la suite d'une gestion jugée insuffisamment fructueuse, notre Directeur Général fut invité à nous abandonner pour goûter au bonheur d'une retraite anticipée. Devant les courbettes que lui faisaient certains lèche-culs qui essayaient par tout moyen de se protéger des dégâts causés par cette fusion, je ressentais l'ardente envie de leur faire connaître le fond de ma pensée dénonçant leur conduite hypocrite. Nombre de mes collègues à qui j'avais au préalable exposé mon pamphlet, m'ont vivement déconseillé de le lire à l'occasion de ce départ. Ils ont tellement fait appel à la prudence en me répétant que j'allais ouvrir une porte à bien des ennuis, et que l'on me ferait payer très cher ma franchise, que je n'ai pas eu le plaisir d'en moucher quelques-uns.

Notre directeur retiré, il y eut beaucoup de changements et de nombreuses mutations.

L'ensemble du personnel fut déplacé comme des pions sur un échiquier. Certains de mes collègues, dépassés par tous ces troubles subits, ont sombré dans la dépression. Trois d'entre eux, complètement sapés par ces mesures inhumaines vers lesquelles nos dirigeants courent par cupidité, sont allés jusqu'au suicide après avoir connu des situations matérielles ou affectives insupportables auxquelles ils n'avaient été nullement préparés. Plusieurs se sont trouvés dans l'obligation de vendre leur maison, d'autres ont été momentanément séparés de leur conjoint qui n'avait eu ni la possibilité d'obtenir une mutation, ni celle de trouver un emploi local. Nous avons tous été atteints et bousculés par la soudaineté de ce grand chamboulement. Pour ma part, j'ai refusé toute proposition de déplacement accompagnée ou non de promotion. Après quinze années de travail, j'ai jugé bon d'exiger ma part, et de soumettre les conditions de notre séparation à la Direction Régionale. Dans un premier temps, je me suis heurté au refus de mes supérieurs qui pensaient m'avoir à l'usure. Après le flot de départ de tous mes collègues, je suis resté seul pendant une année entière, pratiquement dans un isolement total semblable à celui d'une quarantaine, sans aucune responsabilité, sur un plateau paysager de trois cents mètres carrés. Ma seule occupation qui ne dura que quelques semaines fut les rappels téléphoniques que j'adressais aux divers notaires afin de recevoir les grosses et terminer l'archivage d'un reliquat de dossiers en suspens. La nouvelle Direction qui était arrivée avec la grosse tête, pensait à n'en point douter, que j'allais craquer, m'effondrer moralement et leur remettre ma lettre de démission. C'était vraiment mal me connaître. J'ai tiré profit de ce temps de totale liberté pour me plonger dans de nombreux bouquins passionnants qui traitaient de sujets qui m'intéressaient particulièrement. Les fesses calées sur mon confortable siège et les pieds posés sur le bureau, j'étais plus qu'à l'aise pour me livrer à ce genre d'activité. A la limite, je ressemblais davantage à un vacancier décontracté sur son transat avec les doigts de pieds en éventail, qu'à un chef de service en activité dans une Banque. Au terme de l'année dans ces conditions, le chef du personnel vint prendre la température de la situation. Au cours de notre entretien, après lui avoir susurré le mot prudhomme dans le creux de l'oreille, il préféra éviter tout rapport conflictuel et accepta, bien évidemment à contrecœur, les conditions de départ que j'avais fixées un an auparavant. C'est ainsi qu'avec un joli petit pactole, j'ai quitté cette Banque qui fut mon dernier emploi à l'âge de quarante-six ans. Ce départ m'a apporté le plaisir incommensurable d'aménager mon temps ainsi que je l'entendais et de l'employer en grande partie pour mes opérations immobilières.

Regrettable résultat.

Depuis mon divorce, la distance qui me séparait de mes enfants, ne me permettait de les voir qu'au rythme de quelques week-ends au cours de l'année et de les recevoir pour leurs vacances scolaires. Mes rencontres avec leur mère me laissaient toujours un goût amer, tant la provocation et la méchanceté étaient évidentes.

Lorsque Philippe et Muriel m'étaient confiés pour le week-end, leur mère ne se préoccupait pas de savoir si l'accoutrement qu'elle leur faisait porter les blesserait ou non. Elle ressortait de vieux vêtements trop petits, usés, déchirés et tachés. Sa mesquinerie l'emportait sur les sentiments de respect et d'amour qu'elle était censée devoir prodiguer à nos enfants. N'avait-elle pas le même comportement que celui de la vipère et ne m'avait-elle pas dit lors du divorce : Je ne prends les enfants que pour t'emmerder ? Les enfants avaient honte au point de vouloir se cacher. Elle les habillait ainsi, afin de me priver du plaisir de les emmener chez des amis. Pour remédier à ses intentions démoniaques, j'allais faire les boutiques durant toute une journée, et j'habillais mes enfants correctement de la tête aux pieds. Les achats terminés, ils étaient beaux et fiers dans leur nouvelle tenue. La joie de porter de nouveaux vêtements qui répondaient à leur choix, les comblait de bonheur. Je les ramenais cependant à leur mère vêtus de leurs hardes car, échaudé par cette chipie qui, lors d'une précédente garde avait conservé les vêtements neufs achetés la veille, et habillé les enfants avec d'autres vieilles frusques, je n'entendais absolument pas être soumis à cette graine d'aspic et passer mes journées à refaire une garde-robe à mes enfants à chaque visite.

Durant les grandes vacances je les recevais en alternance avec leur séjour en colonies. Ils étaient heureux de retrouver un nid douillet quand ils arrivaient chez moi.

Lors de leur dernier séjour, quelques jours avant leur départ, ils me firent part de leur désir de rester définitivement avec moi et Philippe me dit :

- A présent j'ai treize ans et la loi m'autorise à faire mon choix.

L'amour qui se dégageait de ses paroles me venaient droit au cœur, mais cela ne m'enchantait guère de séparer le frère de sa sœur. Si Philippe avait la possibilité de rester avec moi, Muriel devait patienter une année encore chez sa mère. J'ai donc expliqué à mon aîné :

- Ta décision me touche énormément, J'aimerais bien te garder, ce serait pour moi le plus grand bonheur, mais as-tu dans le cœur de laisser ta petite sœur Muriel toute seule, ne penses-tu pas qu'il serait bon d'accepter de suivre encore une année scolaire chez ta maman en attendant que Muriel atteigne elle aussi l'âge de pouvoir décider ? Tu verras, ce ne sera pas très long, et aux prochaines grandes vacances, vous aurez tous les deux l'âge de prendre votre décision.

Philippe comprit mon raisonnement et malgré cette proposition qu'il trouva extrêmement contraignante, il accepta de repartir pour une année qui pour lui se présentait longue et pesante.

Lorsque leur mère est arrivée pour les récupérer quelques jours plus tard, ce fut mémorable. Elle les trouva en pleurs, tristes de me quitter. Vexée par leur comportement, ce fut à grand renfort de gifles et de coups de pied dans les fesses qu'elle les fit monter dans sa voiture, puis, après une manœuvre plus ou moins habile causée par la colère, elle repartit en ruminant, alors que les enfants, pressés de revenir pour ne plus jamais repartir, m'envoyaient de nombreux baisers par la vitre arrière.

La nouvelle année scolaire écoulée, je pensais que tous ces mauvais moments n'appartiendraient plus qu'au passé. Pour les grandes vacances, j'ai accueilli mes enfants comme d'habitude, mais au fil des jours, je n'ai pas perçu leur même joie. Je les sentais mal à l'aise, perturbés, préoccupés. Ils n'étaient pas bavards et fuyaient quelques fois mon regard. Pour en avoir le cœur net, je leur ai posé la question tout de go :

- Etes-vous contents d'être ici et de rester avec moi ? Depuis que vous êtes là, vous ne parlez presque pas, je vous trouve un peu comme sur des charbons ardents. Qu'est-ce qui ne va pas ?

Ma fille me fit immédiatement savoir qu'elle désirait retourner chez sa mère après les vacances. Cette décision eut pour double effet de me surprendre et me peiner. J'ai contenu un soupir et lui ai dit qu'il n'y avait aucun problème car la décision lui appartenait. Mon fils quant à lui, ne répondit qu'au bout d'un long silence.

- Moi, je reste.

Je me suis souvent interrogé sans résultat sur la motivation de Philippe. Je n'ai jamais su s'il était resté à la suite d'une franche décision, ou tout simplement par faiblesse de caractère qui ne lui permit pas de partager la même sincérité que celle de sa sœur.

Le frère et la sœur ont donc été séparés malgré les précautions et les dispositions que j'avais prises un an auparavant. Ce ne fut que très longtemps plus tard que Philippe s'est ouvert en se livrant à quelques confidences. J'ai eu connaissance de l'atmosphère pesante qui dominait chez leur mère durant les quelques mois qui précédèrent leurs vacances. Afin de me soustraire à l'affection de mes enfants, elle n'avait pas hésité à me discréditer à leurs yeux afin qu'ils ne souhaitent plus rester avec l'ignoble individu et père indigne que j'étais censé être. Comme pour procéder à un lavage de cerveau, elle leur avait dit et répété sans cesse qu'en qualité de mauvais employé de banque, j'avais profité de mon poste pour voler dans les coffres et que j'avais été condamné à une longue peine de prison. Il est évident qu'un gamin qui entend de tels propos, puisse être en position de douter et modifier ses intentions.

J'aurais dû me douter, qu'un stratagème ignoble avait été mis en place, mais j'avoue que j'étais loin de me représenter à quel point cette femme pouvait être vicieuse. N'avait-elle pas été à l'école de la mégère pour en devenir son disciple ? N'avait-elle pas continué à la fréquenter un temps ? Son comportement paraissait en être la preuve évidente.

Quand je me suis retrouvé jour après jour, face à cet adolescent, je me suis vite aperçu que toute son éducation était à refaire. Mais les mauvaises habitudes étaient prises, il était déjà trop tard pour l'en débarrasser facilement. Tout rapport devenait difficile par manque de communication de sa part. Animé par l'esprit rebelle de l'adolescence, il refusait d'apprendre et manifestait de l'opposition envers tout. En conflit bien souvent, je me rendais compte à quel point il avait besoin d'un tuteur, mais il était trop tard, l'arbre s'était déjà trop développé.

Jusqu'à ses dix-huit ans, j'ai subi bien des tourments. Ses sorties avec ses camarades se terminaient souvent en de réelles escapades, jusqu'à disparaître pendant trois journées entières sans me donner aucun signe de vie. Lors d'un week-end, après l'avoir cherché partout, et même pris des renseignements auprès de la gendarmerie, j'ai fini par le retrouver au fond d'un bar, faisant tranquillement la causette avec quelques connaissances de son âge. Fort en colère, j'ai interrompu sans surseoir leur petite réunion en le saisissant par le col pour le faire sortir. Revenu à la maison au pas de course, il m'avoua avoir séjourné trois nuits dans un cabanon. Un cabanon, disait-il ? Après avoir visité cette masure entièrement délabrée, je peux dire que je n'y aurais même pas élevé des porcs. Le sol en terre battue était jonché de canettes de bière vides, c'était immonde, sale, vétuste, sordide. Philippe fut incapable de me donner les raisons d'un tel comportement. Je me disais que l'absence du père au quotidien l'avait peut-être fragilisé et qu'il avait sans doute manqué de repères. Je me demandais aussi, si j'avais bien les qualités pédagogiques nécessaires pour le remettre sur les rails après tant d'années de séparation et d'un manque total d'éducation auprès de sa mère. Dès qu'il obtint l'âge de dix-huit ans il quitta la maison, désireux de connaître de nouveaux horizons. Je reconnais que je ne l'ai pas retenu, bien au contraire. Je crois que nous avions tous les deux un grand besoin de changer d'atmosphère.

Aussitôt après son départ, il a mené une vie de bohême. Dans un premier temps, il a logé dans une vieille caravane ballottée par le Mistral et la Tramontane dans un coin perdu à flanc de colline où, ses seuls visiteurs étaient des sangliers qui, de leur groin, venaient fouiller et éventrer ses poubelles. Par un sentier inconfortable qu'il avait ouvert à la barre à mine, l'accès y était mal aisé. Au cours des longues pluies d'hiver, il passait son temps à vider récipients après récipients tant le toit ressemblait à une passoire. Évidemment, il n'y avait aucune commodité, ni toilettes, ni eau courante, ni électricité. Il ne cessait cependant de répéter qu'il ressentait un bien être total à être retiré du monde avec lequel tout contact le répugnait. Et puis un jour, son ermitage prit fin. Peut-être avait-il enfin entendu la voix de la raison ? Peut-être fut-il découragé d'écoper et de vider des seaux et des seaux pendant la mauvaise saison ?

Conservant longtemps l'empreinte de son séjour en colline, il resta longtemps avec son comportement instable. Il continua à refuser toutes contraintes, il ne finissait jamais le travail qu'il avait entrepris dans son appartement qu'il laissait en l'état de chantier pendant de longs mois.

Son déséquilibre évident à tous les niveaux, s'est également révélé lorsqu'il se mit en couple avec une copine de son âge envers laquelle il disait ressentir de véritables sentiments. Un joli petit bébé à qui fut donné le prénom d'Elodie aurait pu consolider le bonheur du couple mais il n'en fut rien. Peu de temps après la naissance de leur fille, il ressentit l'impérieuse nécessité de retrouver son indépendance. Il chassa la mère et l'enfant sans gêne ni peine, et se plut à dire à qui voulait bien lui faire le plaisir de l'écouter, que cette décision lui avait été difficile à prendre, mais qu'après mure réflexion, elle était capitale pour lui permettre de retrouver son équilibre dans la liberté dont il avait grand besoin. Bien quelques années après, il n'avait toujours pas reconnu sa fille qui pour lui n'est qu'une légère erreur de jeunesse.

Ma petite fille Elodie venait d'atteindre ses neuf ans, quand Yvette et moi avons eu le bonheur de faire sa connaissance. Elle était une très jolie gamine aux grands yeux qui brillent de mille feux, et, comme beaucoup d'enfants, elle souffrait d'avoir été abandonnée par son père. Lorsque sa mère nous la confiait pour le week-end, nous faisions d'agréables promenades ainsi que de nombreuses randonnées sur divers sites de notre région.

Tout au long d'une visite au jardin d'acclimatation d'Hyères, elle était ravie comme peut l'être un enfant devant autant d'animaux exotiques en semi-liberté. En fin d'un après-midi, notre visite terminée, alors que nous nous apprêtions à reprendre le chemin du retour, nous marchions main dans la main, quand j'aperçus Philippe qui allait nous croiser prêt à nous opposer un air que quiconque aurait pu qualifier comme dédaigneux. L'évidence des bonnes ou mauvaises surprises est d'arriver au moment où l'on s'y attend le moins. Celle-là était de taille. Nous étions tout proches de la cage des babouins qui ont pu apprécier à leur manière la scène digne du plus mauvais mélo qui s'est déroulée devant eux. Après avoir marqué un léger temps d'hésitation, Philippe s'est arrêté à notre hauteur. Sentant chez lui une certaine crispation, d'un signe discret de la tête, je lui ai désigné Elodie, en lui demandant :

- Est-il nécessaire que je fasse les présentations ?

Du tac au tac il me répondit:

- Non, inutile ! Je m'en moque !

- Alors continue ton chemin. Lui ai-je répondu d'un ton sec.

La haine au cœur, ce fut en grommelant des mots incompréhensibles emplis de fiel qu'il poursuivit son chemin comme si rien ne s'était passé, sans un geste, sans un regard vers son enfant à qui il n'avait toujours pas donné de place dans son cœur. Très bouleversé par son comportement ignoble et scandaleux, j'ai voulu lui faire part de ce que j'en pensais sous forme d'un courrier dans lequel je n'avais pas édulcoré mes propos.

Ce fut avec un réel apaisement que j'ai rédigé cette lettre par laquelle je lui faisais part de ma totale désapprobation sur sa conduite et lui prodiguais en contrepartie des encouragements pour s'approcher de sa fille qui désirait tant le connaitre. Pouvais-je cependant la lui adresser sans risquer de sa part une mauvaise réaction qui aurait pu nuire à Élodie ? Par prudence, j'ai jugé préférable de la soumettre à l'appréciation de la maman d'Elodie qui, après lecture me dit :

- j'apprécie votre lettre qui est tout à fait juste, mais connaissant suffisamment le caractère de Philippe, je crains qu'il réagisse mal. Il est préférable d'éviter à Elodie, le risque de voir arriver son père prêt à faire un scandale.

Afin d'éviter toutes conséquences préjudiciables à un être innocent et fragile, je me suis plié aux craintes de sa maman Christine.

A la suite de notre brève confrontation au jardin d'acclimatation, Philippe consolida à tel point ses distances qu'il refusa désormais tout contact avec moi.

Quant à ma fille, depuis son départ, je puis dire que je n'ai connu aucune manifestation sincère de sa part. Muriel était chez sa mère et ne me donnait signe de vie qu'à l'occasion de mon anniversaire, de la fête des pères et pour le jour de l'an. En fait, en tout et pour tout, trois lettres par an qui n'étaient pas de grandes missives empreintes de sentiments profonds dictés par le cœur, mais plutôt de quelques lignes conventionnelles rédigées par devoir sous l'influence du calendrier. Elles étaient vides de tendresse et ne laissaient transparaître aucune affection. A la lecture de telles lettres, quiconque aurait compris sans effort, qu'elles découlaient davantage d'une corvée imposée que d'une joie spontanée.

Il va sans dire que je n'éprouvais ni surprise ni plaisir à recevoir ce genre de courrier, et qu'un tel comportement me décevait énormément. Au comble de la déception, je lui fis connaître mes sentiments par une gentille lettre dans laquelle je lui expliquais qu'il me serait beaucoup plus agréable de recevoir des lettres issues de son cœur, plutôt que dictées par un agenda planificateur. Sa réaction ne me surprit nullement. Muriel se réfugia dans un silence presque total, interrompu seulement par un pli annuel porteur d'un certificat scolaire mentionnant son inscription auprès de l'établissement qu'elle fréquentait afin que sa mère puisse continuer à percevoir la pension alimentaire nécessaire au financement de ses études au-delà de ses dix-huit ans.

A la réception de son dernier courrier, l'état dans lequel était le certificat, ne pouvait que susciter en moi des doutes quant à son authenticité. Les dates présentaient des surcharges, hormis le cachet et la signature, tous les autres renseignements portés me semblaient falsifiés et pour le moins suspects. Avec de tels soupçons sur l'authenticité de ce document, j'ai aussitôt contacté le proviseur du lycée par téléphone. Au cours de notre conversation, j'appris avec indignation que Muriel ne fréquentait plus cet établissement depuis plus d'une année. Inutile de dire combien ma colère fut grande. Par le biais de ce faux document, cette perfide qui avait déjà fêté son dix-neuvième anniversaire, espérait certainement sous l'influence des « bons conseils » de sa mère, continuer à percevoir cette pension pendant quelques temps encore. J'ai évidemment suspendu immédiatement tout versement, et lui ai fait savoir mon point de vue sur un tel comportement par un courrier qui fût ma dernière correspondance. Après cela, ce fut le silence complet pendant trois ans. Estimant que le temps aurait effacé en elle toute animosité, et lui aurait apporté un peu plus de raison et surtout une meilleure conscience, j'ai pensé qu'il serait bon de faire le premier pas pour mettre un terme à cette regrettable situation. Je ressentis tant de vide lors de ma visite, que j'en ai écourté l'entretien. J'ai eu le sentiment d'avoir été le chien dans un jeu de quilles. Son accueil fut froid et d'un ton des plus méprisants, elle me déclara :

- Je suis très bien comme ça, ça me suffit ! J'ai vécu sans toi jusqu'à présent. Je n'ai aucune envie de modifier quoique ce soit à ma façon de mener ma vie.

Elle mit ainsi fin au dialogue sans autre forme de procès. Avant de nous séparer, je lui ai toutefois adressé des paroles apaisantes, lui assurant que ma porte lui serait toujours ouverte et qu'elle pourrait venir y frapper à la moindre difficulté, j'ai cependant ajouté de ne pas attendre des années pour reprendre contact avec moi, alors qu'elle jugerait mon patrimoine immobilier alléchant. Aujourd'hui, après quarante-trois années de silence, je n'ai aucune nouvelle d'elle, mais non plus nulle gêne à dire ma totale indifférence. Si les fleurs se meurent sans eau et sans soleil, il en est de même pour les sentiments qui flétrissent et périssent faute d'être entretenus et nourris régulièrement par les liens d'un amour sincère.

Ma désolation.

Durant des années, notre vie conjugale s'est écoulée dans le bonheur et la joie de chaque jour. Je partageais mon temps entre le bureau, le vélo, quelques opérations immobilières et surtout avec ma merveilleuse épouse Yvette. Nous avons vécu en harmonie totale pendant vingt ans. Après dix années de simple vie commune, nous avons pris la décision de convoler en justes noces. Quelle belle aventure que la nôtre ! Certains diraient que vingt ans c'est beaucoup, mais quand on se penche sur son passé de vingt années emplies de joies, on réalise qu'elles ont défilé à la vitesse de l'éclair. Ces vingt ans n'ont été pour moi qu'un trop court voyage. Pourquoi ont-ils pris fin si vite ? Un ennemi sournois était tapi dans l'ombre, il guettait notre bonheur qui semblait le déranger, et se préparait à agir traîtreusement en son temps.

La première alerte se manifesta lors d'une sortie à vélo. Yvette ne pédalait pas avec son aisance habituelle et ne s'accrochait pas avec la même hargne que je lui connaissais. En plaisantant, je lui dis :

- Eh, bien ! Qu'est-ce que tu fabriques Yvette ? Tu traînes bien ce matin. Je sais bien que les côtes ne sont pas ta tasse de thé, mais tout de même, d'habitude tu grimpes mieux que ça.

Avec quelques copains nous avions fait la fête la veille au soir, et nous nous étions mis au lit assez tard après avoir fait honneur à tous les mets succulents qui nous avaient été présentés. Faisant référence à cela, j'ai poursuivi en la taquinant :

    - Ça ne te vaut rien de faire la bamboula.

    - Ma jambe gauche me parait de plus en plus lourde. Elle ne m'obéit plus, j'ai l'impression qu'elle s'engourdit.

J'ai alors placé ma main au niveau de ses reins pour lui apporter l'aide nécessaire dans la petite grimpette. Grâce à cette assistance, elle regagna du terrain et reprit sa place parmi notre groupe. Contrariée par sa baisse de performance, Yvette me fit part de sa déception dès notre retour à la maison, sans pour autant faire allusion à quelque inquiétude.

La deuxième alerte s'est manifestée lors d'une tranquille promenade dominicale sur une piste G.R. dans les gorges du Verdon. Une douleur soudaine avait envahi sa jambe et le côté gauche de son bassin au point de ralentir son allure, et même de l'immobiliser un instant. Le même scénario s'est reproduit ensuite en montant un escalier. Puis le mal s'est installé pour devenir presque quotidien. Négligeant jusque-là de s'intéresser de façon sérieuse sur ses fréquentes douleurs, elle se décida enfin, avant d'aller consulter son médecin traitant, à contacter des thérapeutes pratiquant des médecines douces. Tout le fluide ou le magnétisme de ces différents charlatans ne soulageaient que son portefeuille. Dès lors, elle commença à manifester quelques craintes et s'adressa à son médecin qui la dirigea vers d'autres praticiens spécialisés. Après des prises de sang et de nombreuses analyses, ce fut ensuite le doppler, et enfin le scanner. Quelques semaines plus tard, le diagnostic est tombé tranchant comme un couperet. L'opération était inévitable. Elle dut se soumettre à un lourd pontage de l'aorte à l'artère iliaque. C'était à n'y rien comprendre ! Elle ne fumait pas, ne buvait que très peu de vin, avait un mode de vie très sain, ne faisait aucun abus en aucun domaine et pratiquait intensément le cyclisme. Comment était-il possible d'en arriver à ce stade à l'âge de la cinquantaine ?

L'intervention chirurgicale se présentait délicate et périlleuse car, de par ses convictions religieuses, Yvette refusait toute utilisation de sang et dérivés sanguins. Les médecins ne nous avaient pas caché leur inquiétude. Durant près de cinq heures de travail minutieux, l'excellent chirurgien ainsi que ses assistants se sont occupés d'elle avec des gestes calculés et d'une extrême précision. Ils respectèrent scrupuleusement ses exigences religieuses et réussirent à tel point à mener à bien l'intervention, qu'Yvette n'avait perdu guère plus que la quantité d'un verre de sang alors que l'aorte en débite deux litres à la minute. Après un court séjour en clinique, elle récupéra très vite ses forces et put rapidement reprendre son entraînement à vélo. Sans aucun soin particulier, elle a rapidement retrouvé son bon coup de pédalier. Cette sombre histoire n'appartenait désormais plus qu'au passé et les joies de la vie reprenaient le dessus.

Cinq à six ans plus tard, elle commença à se plaindre d'une légère douleur intermittente qui ne cessait de s'amplifier au niveau du dos. Elle en parla à son médecin traitant, mais, ce toubib, aussi têtu qu'un baudet, lui répétait sans fin que sa morphologie lui interdisait de se livrer à quelque inquiétude relative à une grave maladie telle que le cancer. Pauvre con ! Le corps médical compte parfois en son sein des assassins patentés. Yvette lui accordait cependant une confiance totale. Quelle erreur ! Cette sale maladie était bien là et se développait chaque jour d'avantage, jusqu'à atteindre un point de non-retour. Yvette se plaignait de plus en plus, alors que son thérapeute refusait toujours le dépistage. Réveillée par ses douleurs, elle se levait la nuit et, une main sur la poitrine, l'autre au bas du dos, elle marchait de long en large dans notre grand salon. Elle se déplaçait courbée en deux comme écrasée par un lourd fardeau, et tournait sans fin autour de notre grande table de ferme. Ces heures passées à déambuler et souffrir ainsi étaient insupportables. J'assistais impuissant à ces pénibles scènes, incapable de lui apporter un autre soutien que celui de ma présence qui lui témoignait mon amour. Eprouvé moi-même par la fréquence et l'intensité de ses douleurs, j'en suis venu à hausser légèrement le ton.

- Je pense qu'il m'est permis de mettre en doute les compétences de ton toubib, je crois que tu devrais arrêter de lui accorder une pleine confiance. Ce n'est pas normal de souffrir autant, et de te plier ainsi sous la douleur. Tu ne vois pas qu'il t'envoie au cimetière ?

Secouée par la teneur de mes propos et le ton sérieux que j'avais pris, Yvette accepta de consulter un autre médecin. Le diagnostic fut totalement différent après un examen sérieux qui dura près d'une heure et demie. Pendant qu'il l'auscultait, ce docteur ne cessait discrètement de m'indiquer par signes que l'état de santé d'Yvette était des plus sérieux. Son visage d'une gravité extrême reflétait son inquiétude, et son regard affichait nettement qu'il était furieux de constater la négligence à laquelle mon épouse avait été soumise. Il prescrivit l'intervention urgente de soins appropriés. Ce fut une véritable douche froide. Pire encore ! On aurait dit que le ciel nous tombait sur la tête. Alors commença un véritable calvaire. Yvette dut se soumettre à des examens, des plus simples jusqu'aux plus pénibles, puis, ce fut son admission auprès d'un institut d'oncologie pour y recevoir les soins dans lesquels bon nombre de malades se réfugient en y plaçant tout espoir faute de mieux.

Pendant son long traitement, Yvette a trouvé de l'aide auprès de nombreux amis qui, sans compter, lui témoignaient leur sympathie. Ils ont su lui apporter chaleur et affection. Ils venaient la rassurer, regonfler son moral, lui redonner de l'espoir, ils l'encourageaient pour qu'elle tienne le coup et se batte, ils lui promettaient des jours meilleurs et ne l'ont jamais laissée sans soutien. Parmi eux, deux se sont montrés particulièrement si présents et si efficaces en l'apaisant chaque jour que je me dois aujourd'hui encore de leur réitérer toute ma profonde reconnaissance ainsi que mes remerciements les plus sincères.

Mes années de bonheur partagé avec Yvette, m'avaient souvent porté à écrire ce que je ressentais sous forme de poèmes. Après lui en avoir présentés quelques-uns à relire sur sa demande, Yvette me fit cette remarque :

- Mais, dis donc, tu ne m'as jamais écrit de poème d'amour.

Elle me dit cela au moment où elle abordait la phase terminale de cette cruelle et sournoise maladie. Averti de son départ prochain par le résultat de ses analyses ainsi que par les cancérologues et chirurgiens qui la suivaient, je savais qu'il ne lui restait plus que quelques jours à vivre.

Ces phrases sont atroces lorsqu'on les entend et qu'elles concernent l'être que l'on aime par-dessus tout. Avec des sanglots impossibles à contenir, j'ai regagné notre domicile. Puis, séchant mes larmes, dissipant la brume qui noircissait mon cœur, j'ai couché de ma plus belle plume sur le papier, à l'encre de mon cœur, tout ce qu'il y avait de noble et de beau au fond de tout mon être pour écrire à Yvette le plus beau de mes poèmes. Elle en fut ravie et émue jusqu'aux larmes lorsqu'elle lut tout l'amour que je lui manifestais. Et puis tout s'est déroulé très vite. Les jours très sombres sont rapidement passés au noir intense. Il n'y avait plus l'ombre d'un espoir. Ce fut le coma et puis... Ce fut la fin,

Désireux de conserver le côté noble de son départ, je ne m'étendrai pas en détails sur tout ce qu'elle a dû subir au cours de son long traitement pour lutter contre cette putain de maladie. Je dirai seulement que par leur assistance soutenue et prodiguée avec beaucoup de respect, les praticiens compétents lui ont permis de s'en aller en "douceur".

Ce fut très tôt dans la nuit, qu'une infirmière m'annonça sa mort par téléphone. Je n'avais plus de voix. Comme un automate j'ai accompli mon rôle d'époux en faisant face au bon déroulement des obsèques. Je me suis occupé de tout jusqu'au moindre détail. Éprouvé au-dessus de mes forces, je me suis effondré dans la désolation la plus profonde.

J'ai connu le chagrin, les larmes, la prostration. J'avais plongé, touché le fond sans avoir la force de donner un coup de talon pour remonter. Dans un total détachement, je me refusais tout projet et rejetais même les moindres petits travaux tant d'extérieur que domestiques. Tout mon esprit restait figé sur des souvenirs qui abondaient en s'emmêlant dans ma tête pour faire un enfer de mon quotidien. Un amalgame s'était tellement imposé entre la réalité du présent et l'agression constante de mes souvenirs que c'était à en perdre le discernement. Afin de soulager mon cœur, comme exutoire pour exorciser mon immense chagrin et mon amertume, je me réfugiais dans l'écriture pour exprimer ce qui me tourmentait. Par cette thérapie, je parvenais sur le moment seulement, à alléger partiellement mes souffrances qui ne faisaient que réapparaitre plus douloureuses ensuite.

Longtemps, la tristesse profonde a été ma seule compagne de chaque jour. Loin de déplacer des montagnes comme je le faisais auparavant, faire seulement face à la moindre décision m'annihilait. Enveloppé de solitude comme l'on se recouvre d'une houppelande, je restais prostré dans mon deuil, noyé dans mon chagrin et me sentais impuissant d'en franchir le seuil.

Pour ajouter à ma peine, les deux filles d'Yvette m'ont rejeté alors qu'elles m'avaient toujours manifesté de la sympathie lorsque nous les recevions. Depuis le décès de leur mère, le voile est tombé. J'ai pris conscience de la véritable motivation de leur comportement qui les a dirigées avec autant d'acharnement afin d'essayer d'obtenir une part d'héritage sur les biens immobiliers qui m'appartenaient en propres.

Je suis profondément convaincu que leur attitude a été commandée par la cupidité. Certains individus ne sont-ils pas animés par la propension à obtenir par tricherie, plus que par le fruit de leur propre travail et de leurs propres capacités, les choses qu'ils convoitent et auxquelles ils ne peuvent accéder ? Les obsèques ne sont-elles pas souvent des détonateurs au sein d'une même famille ? Par le travers de leur état d'esprit ainsi que par leurs actes qui ont suivi, ces deux filles m'ont apporté une nouvelle fois la confirmation de mon jugement.

Toutefois, ce comportement que je qualifie de la pire des bassesses, n'a pas occulté de ma mémoire le souvenir que j'ai gardé de l'une d'elles. Je me souviens encore de l'émotion que je ressentais, les fois où je l'entendais dire : « Maman ». Dans sa bouche, ce simple petit mot était prononcé avec une telle douceur, tant de tendresse et tellement d'amour, que j'en étais ému à chaque fois. Jamais, je n'avais entendu ce mot exprimé de telle manière. Il est vrai que chez la mégère, si ce mot était quelques fois prononcé par mes frères, non avec le même ton ni les mêmes sentiments, il ne faisait quant à moi, pas partie de mon vocabulaire mais remplacé par : Hé !ou how !

Pendant de longues et tristes journées, j'ai brassé des idées noires. Je suis resté longtemps à porter mon fardeau dans la solitude.

Plus le temps passait, plus mes états d'âme s'enlisaient dans la noirceur. Je touchais le fond en permanence sans posséder la volonté de donner le coup de talon nécessaire pour émerger de cette poisse qui me crucifiait dans le désespoir. Chacune de mes pensées était envahie de papillons noirs. J'ai écrit plusieurs poèmes sur le poids de la solitude, la noirceur de la mort et bien d'autres encore, qui me permettaient d'exhaler la rancœur, la haine, le mépris.…

Mes proches et mes amis me soutenaient de quelques visites. Contrairement à cette citation de Jean de le Fontaine « Qu'un ami véritable est une douce chose, il cherche vos besoins au fond de votre cœur, il vous épargne la pudeur de les lui découvrir vous-même. », ils s'empressaient avec toute la sympathie qu'ils manifestaient, de me cribler de questions pour savoir comment je surmontais cette situation, et si je ne manquais de rien. Je gardais ma peine tapie au fond de moi et leur répondais par quelques fausses paroles rassurantes. Je n'avais pas le cœur à m'épancher, je désirais simplement rester seul dans une quarantaine que je m'imposais. A quoi bon avouer les états de son âme au fond du désespoir ? S'il est vrai que le cœur est enclin à partager ses joies avec autrui, il se complait cependant à rester muet pour dissimuler son immense chagrin avec la pudeur qui le tient enchainé dans la peine.

A l'un de mes amis de longue date venu me faire une visite de soutien lors des jours les plus sombres qui m'écrasaient, et qui me dit avec profondément de sincérité :

-Je comprends la situation que tu traverses et je partage ta peine.

Je lui ai répondu :

- Je te remercie pour ton soutien, mais par bonheur, tu n'es pas à même de mesurer ma douleur et encore moins de la partager.

Pour appuyer mes dires, je fis référence aux évènements atroces qui avaient tenu la une, tant de la presse écrite que celle des journaux télévisés. Une des situations barbares auxquelles seuls les êtres humains se livrent sans vergogne.

- Tu n'es pas sans te souvenir du génocide perpétré au Rwanda, entre les mois d'avril et juillet de 1994 et généré par les Hutus à l'encontre des Tutsis et, qui selon l'évaluation établie par l'O N U, 800.000 Rwandais ont perdu la vie et près de 250.000 femmes ont été violées sur la place publique….. »

- Il me coupa aussitôt la parole et s''écria : « oh putain, c'est dégueulasse »!

- Tu as raison, c'est vraiment dégueulasse, alors, suppose un instant que ton épouse ait subi le même sort.

Alors, avec plus de force dans sa voix, il utilisa la même expression :

-Oh putain !

-Tu viens de manifester une réaction bien plus intense pour faire état de ce que tu as ressenti, mais, laisse-moi te dire que tu es encore très loin de la réalité pour mesurer la véritable importance de l'évènement, car ta réaction n'a été dictée seulement par ce que tu peux imaginer et non par ce que tu as vécu.

Aucune souffrance, même partagée à plusieurs, ne se divise, ne s'efface, ne s'atténue, ne disparait.., au risque de contredire William Shakespeare qui écrivit :

« L'esprit oublie toutes les souffrances quand le chagrin a des compagnons et que l'amitié le console.»

Seul donc, à porter mes douloureuses souffrances, je sombrais dans le déclin jour après jour. Le peu de raison qui me restait encore, mais surtout je pense, le manque de courage, m'interdirent de me donner la mort. Confronté à la situation de ne pas avoir réalisé ce que je souhaitais pourtant du plus profond de mon être, je ressentis un total dégout de moi-même. Cet état d'âme m'a porté à ajouter comme un post-scriptum au bas de l'un de mes poèmes noirs :

Ma honte de vivre n'est que le résultat
De ma lâcheté qui m'impose d'être là.

Bonheur illusoire.

Dans le bruit assourdissant de l'incessant ressac de la mer, et le mouvement mugissant des grandes gerbes d'eau écumantes qui viennent se briser et lécher les rochers, jour après jour la solide falaise subit l'érosion, sans toutefois disparaitre à jamais.

De même, si le temps a pour tâche de venir gommer, arrondir et polir lentement les angles saillants de nos douleurs dont sont porteurs nos souvenirs, il ne peut les effacer définitivement.

Après avoir connu la peine, la prostration dans la solitude et avoir broyé des idées plus noires que noires, après avoir été rebelle à tout ce qui m'entourait, je ressentis en moi quelque chose de différent. Sans aller jusqu'à dire que mon moral se portait bien, j'avais l'impression qu'il allait moins mal. Il m'est apparu retrouver une certaine quiétude dans la paix de l'esprit qui m'avait abandonné depuis la perte d'Yvette. Ce jour-là, après avoir asséché mon corps de larmes pendant de longs jours, la mort dans l'âme, mon cœur semblait échapper à l'étau qui jusque-là l'enserrait. Mon lourd chagrin avait-il déposé les armes ? Allais-je retrouver la paix en laquelle j'avais placé mon espoir? Malgré cet état de légère amélioration, même si le chagrin devenait sensiblement moins pesant, même si la couleur de mon quotidien virait progressivement du noir au gris, j'en conservais toutefois les stigmates au fond de moi. Pour parvenir à débusquer la rancœur profonde que je nourrissais contre tout ce qui m'environnait, j'ai répondu au besoin impérieux d'exhaler tout ce qui m'avait contraint, forcé et emprisonné. J'ai noirci des pages et des pages de poèmes accusant les uns, culpabilisant les autres…

Un tantinet soulagé après avoir agoni ces Messieurs que l'on nomme grands, les condés, les chefs religieux de toutes obédiences, l'autorité sans tolérance, la répression, l'être humain qui court à son autodestruction par pure cupidité sans se soucier du passif qu'il laisse à sa propre descendance, enfin sur tout ce qui suscitait en moi des nausées, après avoir décrassé mon âme de toute sa bile par ces nombreux poèmes qui semblaient m'exorciser, j'avais le sentiment de goûter à nouveau à un peu de repos.

Si cet apaisement s'instillait peu à peu au niveau de mes tourments, tout restait encore à venir quant à mes facultés pour résoudre le moindre obstacle qui se présentait comme une montagne de problèmes.

Ce fut dans cet état de flou total pour prendre de judicieuses décisions, que je crus ne plus être à même de conserver ma magnifique propriété, alors que jusque-là, toutes ses charges ainsi que celles de notre couple étaient largement assurées par mes revenus locatifs.

Tout conduit à penser que les troubles affectifs interfèrent et annihilent le métabolisme. Toute sagesse est mise en sommeil. Avec une précipitation sans égale, due à mon manque de discernement, je me suis soudainement arrêté sur la décision de vendre cette propriété. Je pris contact avec quelques agents immobiliers. Au fil des semaines, toujours tourmenté par cette opération qui ne se réalisait pas dans les délais que je m'étais fixés, je me suis approché de l'un de ces agents.

- Que faire pour accélérer les choses ?

- Si vous êtes vraiment pressé, il ne vous reste qu'à en revoir son prix de vente à la baisse.

Sur ces mots et sans hésitation, j'ai ramené le prix de vente de trois cent mille francs, soit, près de quarante-cinq mille euros actuels. Dès cet instant, l'affaire ainsi bradée a connu une réalisation rapide. Il est vrai que toutes les excellentes affaires immobilières réalisées par les acheteurs, sont celles qui sont traitées dans la précipitation due à un décès, un divorce ou une mutation sur le plan professionnel. Sous quarante-huit heures, je reçus la visite d'un couple d'acquéreurs manifestement intéressés. Ces derniers revinrent une nouvelle fois le lendemain, accompagnés par deux de leurs amis dont j'entendis l'époux prononcer les paroles : Fonce, fonce, il n'y a pas photo, à ce prix-là, tu risques de te la faire piquer. Le jour même le compromis fut signé.

Aussitôt, s'imposa pour moi, la nécessité de me mettre en quête d'un nouveau lieu de résidence.

Lors de mes diverses démarches, je fis la connaissance d'une très belle femme de cinquante-sept ans, négociatrice en immobilier.

Quelle aubaine ! Nous avions le même âge, elle avait les yeux bleu-vert, le regard profond. Négligeant le risque d'offusquer ceux qui auraient pu s'octroyer le droit de porter des jugements sur mon comportement en décrétant que les délais étaient trop courts depuis le décès d'Yvette, j'ai resserré des liens avec cette nouvelle rencontre. Mon cœur meurtri retrouverait-il sa sensibilité après toutes ses épreuves ? Serait-ce sur moi qui venais de toucher le fond, que Cupidon décocherait sa flèche ?

Gisèle, qui vivait maritalement avec son ami depuis dix-neuf ans, et qui souffrait énormément d'un manque total de considération de la part de cet homme, venait de rompre avec lui.

La réciprocité des sentiments qui semblaient être évidents nous attirèrent l'un versk l'autre.

Nous avons vécu de bons moments pendant quelques semaines, Gisèle venait chez moi et en ressentait un réel plaisir, elle s'y sentait à l'aise et disait s'y ressourcer après les harcèlements de son ex compagnon. Meurtrie cependant par des attaques incessantes, elle répondit à un besoin impérieux de s'éloigner et se retira durant quelques semaines chez ses enfants en Martinique.

Si ce séjour lui apporta du bien-être, rien de permanent ne s'en suivit car elle connut à nouveau les mêmes assauts dès son retour. Lassée de cette situation, elle décida de s'éloigner à nouveau en se retirant chez son père à Toulouse et me demanda de la rejoindre. Son appel ne connut que mon empressement pour boucler mes valises.

La région toulousaine, et l'accueil que j'y reçus, me transportèrent de bonheur. J'y ai découvert la magnifique « Ville Rose » où j'ai apprécié au cours de nos flâneries, les toiles de Maîtres exposées dans la salle des Illustres, et la beauté des nombreux ouvrages d'art sur la Garonne.

Pendant ce temps, le compagnon éconduit qui s'était libéré de son travail depuis quelques jours, s'était lancé à notre recherche en furetant dans tous les environs.

Constamment sur le qui-vive et dans la crainte que se produise un quelconque incident susceptible de perturber notre quotidien, Gisèle et moi vivions une atmosphère pesante. Nos nerfs menés à dure épreuve ont pris le pas sur notre merveilleuse entente qui s'émoussait jour après   jour et qui déboucha sur notre séparation. Lassés, l'un autant que l'autre de cette situation, je mis fin à notre relation comme étant une véritable délivrance.

Avec le recul, ayant recouvré mes esprits,   j'ai vraiment pris conscience, mais un peu tard, que l'angoisse de retrouver les tristes conditions de ma précédente solitude, était la seule cause de l'aveuglement qui m'avait poussé sans une once de raison vers la passion et non vers l'amour. N'est-il pas dit : Le cœur a ses raisons que la raison ignore ? Dans de telles situations, l'esprit et le cœur hermétiques ne tendent pas à s'ouvrir pour analyser ensemble les évènements souhaités ou subis.

Plaisirs éphémères

Déçu par le déroulement de ma précédente rencontre et peu confiant en un avenir porteur de sentiments véritables et durables, je me suis laissé aller vers de nombreuses aventures.

Mon cœur fermé à tout ce qui pourrait se présenter à lui sous une fausse apparence de sérieux, le déséquilibre qui suivit l'immense chagrin que j'avais connu et les déceptions enregistrées ensuite, me dirigèrent tout droit vers une vie sans retenue. J'ai parcouru les petites annonces dont regorgent les journaux et, après en avoir sélectionnées quelques-unes et adressé de séduisantes lettres à ces dames, j'ai fait la connaissance de certaines dont la plupart étaient séduites par l'envolée humoristique de mes réponses.

J'ai bien voulu accorder un semblant de crédit à certaines d'entre elles qui se plaisaient à dire que j'étais bel homme et de surcroît charmeur, et, tel un flagorneur, je me suis prêté à exploiter ce filon avec toute l'application qui se doit pour aboutir sur un bon résultat. Il suffisait de partager un agréable moment autour d'une table, de l'assaisonner de quelques flatteries, et de sirupeuses déclarations pour qu'aussitôt, elles se laissent cueillir comme un fruit mûr. Certaines de ces belles créatures souffraient le plus souvent d'une grande solitude, alors que d'autres, très déçues par un mariage qui, après quelques mois, n'avait abouti qu'à un échec résultant d'un quotidien répétitif et ennuyeux, désiraient sortir de ce carcan et rompre avec ce train-train de vie monotone, en espérant une rencontre plus heureuse avec un nouveau compagnon. Le canal des annonces fut une fructueuse source de moissons. J'ai connu des Maria, Renée, Jocelyne, et aussi des Kaddra, Mireille, Claudie et Martine...... Je suis passé sans l'ombre d'une hésitation et sans complexe, de l'une à l'autre, me vautrant dans des lits qui m'accueillaient à draps ouverts. Mais ces plaisirs successifs et souvent éphémères qui m'apportaient de bons moments en agréable compagnie ne répondaient seulement qu'à mon besoin de chasser momentanément la solitude dans laquelle je m'étais enlisé.

S'il m'est arrivé parfois d'avoir quelque affinité plus soutenue avec certaines, j'ai toutefois côtoyé aussi quelques fofolles lors de ces rencontres issues du hasard. Ces dernières, soit un peu déjantées, soit assez excitées, s'envolaient dans des éclats de rire qui, manquant souvent de discrétion, étalaient peut-être ainsi avec beaucoup d'alacrité, leur plaisir d'être courtisées. Leur comportement respectif m'a conduit à faire une sélection. J'ai entretenu simultanément pendant quelques temps une relation avec trois de mes rencontres que je considérais les plus attirantes. Un emploi du temps bien chargé mais vite établi me permit de ménager mon temps, un jour chez l'une, un jour chez l'autre, en entrecoupant toutefois mes visites d'un peu de repos.

Pour plaire à ces dames, j'ai écrit pour certaines des poèmes, chanté leurs charmes et utilisé abondamment l'humour afin de créer une atmosphère agréable. Pour d'autres, je leur ai tout simplement adressé des paroles d'encouragement. J'ai aligné sur des pages et des pages tout ce qui pouvait les porter aux nues. Chacune avait son poème personnalisé et porteur à leur yeux, de la réalisation de leurs souhaits les plus chers.

La maison ne te tombera pas dessus, aurait dit ma grand-mère. En fait, avec l'emploi de mon temps ainsi chargé d'agréables moments entre nos promenades dans le matin clair sur le sable frais de la plage avec l'une, nos randonnées pédestres dans les sous-bois de nos vertes collines avec d'autres, et nos distractions diverses, je n'étais que peu présent chez moi. Fort belle et beaucoup plus jeune que moi, bien que Martine me demanda d'avoir une liaison sérieuse avec elle, les turbulences de mon passé m'interdisant de faire confiance en un avenir incertain, j'ai préféré par prudence ne pas donner suite à cette relation.

Je sais pertinemment qu'en me livrant aujourd'hui à une telle confession, je prends l'énorme risque de me faire blâmer pour mon comportement épicurien par bon nombre de personnes qui possèdent le sens très poussé de l'éthique. Mea-culpa !

Cette situation frivole aux plaisirs faciles et passagers dans lesquels je me laissais aller, me lassa rapidement et me poussa à appuyer énergiquement sur la pédale de frein.

Répondant au réel besoin d'un peu plus de stabilité qui se manifestait en moi J'ai soudain pris la décision de porter mon attention sur une amie dont j'avais fait la connaissance lors de mon arrivée dans le Var trente-cinq ans auparavant. Elle était restée célibataire depuis et, malgré l'air très sérieux et son allure stricte qu'elle dégageait, elle avait un tempérament très enjoué. Comme beaucoup, elle avait connu des aventures, dont une avec moi pendant près de deux ans lorsque nous nous étions rencontrés après mon divorce. En toute bienséance, il était préférable de passer un grand coup de gomme autant sur son passé que sur le mien, d'autant que je ne m'étais laissé soumettre à aucune privation en croquant goulûment la pomme à pleines dents,

Au cours des années, j'avais toujours entretenu une réelle sympathie avec elle et, en tout bien tout honneur, je lui avais toujours rendu des visites de courtoisie qui nous avaient permis d'entretenir une longue et solide amitié. A tel point désorienté par mes nombreuses aventures sans aboutissement, j'avais pensé qu'elle serait pour moi le moyen qui me permettrait de retrouver une vie stable et équilibrée. Bien que surprise, elle n'hésita pas à répondre à ma demande en acceptant une soirée au restaurant. Nos liens se resserrant au cours de nos fréquentes rencontres, elle ne tarda pas à venir me rejoindre le soir après la fermeture de son magasin, et à partager les week-ends que nous passions en agréables balades agrémentées de rires. Le courant passait bien entre nous.

Mais au fil des jours, je ressentis très vite que seul un sentiment d'une immense sympathie me liait à elle. Dans ma sempiternelle habitude de tout précipiter, j'avais une fois encore totalement négligé d'analyser bon nombre d'éléments. Je fus en fait, plus attiré par notre solide amitié et par la nécessité de rompre avec ma vie dissolue que mû par un sentiment plus fort. Je l'aimais beaucoup, mais tout comme un frère peut aimer sa grande sœur. Je l'aimais bien comme l'on dit. Je savais que cela n'était pas suffisant pour elle et la tourmentait beaucoup, aussi, ai-je voulu, le mieux que j'ai pu, le lui expliquer, mais comment raisonner une femme amoureuse ?

Quels que furent les mots utilisés, aucun ne parvint à lui faire entendre raison.

Cette fois encore, il ne me tarda pas de reconnaitre une nouvelle erreur de ma part.

Je fus donc à nouveau, retourné sur la case départ. Remettant tout à zéro, je pris de nouvelles résolutions. Je mis un frein à mon esprit de chasseur en restant toutefois ouvert à une aventure occasionnelle qui se présenterait.

Laissons le temps au temps, je verrai bien. Quelques fois pour ne pas dire souvent ou toujours, les choses de la vie se présentent telles qu'on les souhaite sans pour autant les forcer.

Ma profession et évènements divers

Nous étions en mille neuf cent cinquante-neuf. Dès ce second contact avec la Banque, ce fut à la fois, vêtu de mon costume neuf et pétri de timidité que j'eus un contact impressionnant avec ce monde nouveau. Accueilli par le chef du service des crédits auquel je fus affecté, il me présenta à tout l'exécutif qui occupait le plateau. Cette surface d'exploitation était composée d'une quinzaine d'exécutants ainsi que du Chef de service lui-même dont la responsabilité couvrait l'ensemble du personnel et dont le bureau était judicieusement placé au centre.

Quelle ne fut pas ma surprise !

Les membres du personnel étaient à mille lieues d'afficher le sérieux auquel je m'attendais au sein d'une Banque. L'ambiance qui y régnait dégageait une atmosphère qui était plus versée sur l'enjouement et la galéjade que sur le travail réfléchi. J'ai assisté tout à fait décontenancé à des écarts de conduite auxquels se laissait aller chaque élément en se livrant sans retenue, aux farces les plus drôles lors de ce premier avril.

J'ai aussitôt gagné la sympathie de tous mes nouveaux collègues. J'écoutais attentivement l'enseignement qui m'était prodigué et j'apprenais vite. Très tôt, sans besoin d'être épaulé constamment, j'ai pu faire face aux premières tâches rudimentaires. Lorsqu'un petit problème survenait, chacun s'empressait de venir à la rescousse du petit novice à qui ils avaient attribué le surnom de « Benjamin des Prêts ». Le fait de me sentir apprécié et aimé décuplait en moi le besoin du savoir et le plaisir d'accomplir un travail donnant une totale satisfaction. J'ai toujours gardé un bon souvenir de ce premier emploi qui m'a ouvert une longue carrière à la Banque.

Avec le temps, ma timidité des premiers jours disparut totalement. J'ai fait craquer et j'ai craqué aussi pour une jolie collègue. Agée de trente-cinq ans, elle était belle, très distinguée, de fière allure et toujours soignée depuis la plus petite mèche de ses longs cheveux qu'elle coiffait en élégant chignon, jusqu'à la pointe de ses escarpins. Nous avons connu tous deux, une aventure heureuse de quelques années. Par les relations très tendres que nous avons entretenues, elle donna au jeune homme que j'étais tous les conseils nécessaires au niveau de l'éducation sexuelle.

Après quelques mois, notre aventure n'était malheureusement plus un secret pour personne.

Pendant cinq années durant, j'ai été perforateur sur cartes mécanographiques. Ce travail, qui au premier contact m'était tout à fait inconnu, m'est devenu moins rébarbatif après quelques jours de pratique. La satisfaction enregistrée par mon chef de section à la suite des bons résultats que j'obtenais, me réjouissait et me donnait encore plus de volonté pour persévérer dans mes efforts. Je recevais toutes les données avec un plaisir affiché et me fixais un point d'honneur à les saisir correctement en améliorant régulièrement mes performances, un peu comme si j'avais été en compétition avec moi-même. Mes bons résultats étaient ma récompense et me stimulaient. Au fil des mois, le service prit de l'importance, et je dus accélérer la cadence jusqu'à l'embauche d'un élément nouveau qui me prêta main forte. Il n'était pas de trop ! Une fois formé, dès qu'il put voler de ses propres ailes, nous nous sommes appliqués tous les deux avec le même zèle et avons rivalisé amicalement. Chacun à son tour, affichait sa satisfaction d'avoir triomphé en terminant en tête. Quelle joie était la nôtre que de bosser dans de telles conditions !

En règle générale notre semaine se terminait le samedi à midi, à l'exception d'une semaine sur quatre où nous devions assurer une permanence toute la journée. Notre seul travail se limitait à notre présence. Nous attendions patiemment que la sonnerie nous indique l'heure de la sortie et mette un terme à notre astreinte. Le temps ne nous paraissait cependant pas long car, pour tirer profit de ces moments de totale décontraction, nous nous distrayions à faire de nombreux calembours et racontions quantité d'histoires drôles.

Chaque fin de semaine, je quittais mon travail avec au cœur, l'envie de retrouver tous mes collègues au matin du lundi suivant. Je crois pouvoir me prononcer sans commettre d'erreur, en disant que cet état d'esprit a totalement disparu de nos jours.

A cette époque, les établissements bancaires enregistraient un très rapide développement. Nos bureaux devenus très exigus firent très vite ressentir un absolu besoin de confort et d'espace plus grand. Face à cette impérieuse nécessité, la Direction décida de nous affecter de nouveaux locaux. Tous les éléments du plateau, jeunes et moins jeunes, simples employés, gradés et cadres, avons participé à la réinstallation des bureaux sur notre nouvelle aire d'exploitation. Transporter, charrier, déménager, nous effectuions cela en heures supplémentaires chaque soir après la fermeture des bureaux, et le samedi après-midi lorsque nous n'étions pas dans l'obligation d'assurer la permanence. Nous avons suspendu des milliers de berceaux dans lesquels nous classions les non moins nombreux dossiers de crédit. Tout se passait dans une excellente ambiance. Chacun participait, l'un suspendait les berceaux, l'autre glissait les étiquettes, un autre encore classait les dossiers. A cette occupation, la hiérarchie n'existait pas, aucun de nous ne marchait à la baguette. Afin d'éviter de terminer à une heure trop tardive, nous avons toujours mis fin à notre travail avant minuit. Le lendemain matin, nous revenions l'œil vif, le teint frais, bien dispos, prêts comme d'habitude à exécuter notre travail.

C'était beaucoup plus cool qu'aujourd'hui. Afin de ne pas exprimer littéralement ma pensée par des mots qui pourraient bousculer la bienséance, je me limiterai à l'édulcorer en disant tout simplement que « Les syndicats ne mettaient pas de bâtons dans les roues.»

Hors la période d'aménagement des nouveaux locaux, aussitôt que la sonnerie tintait, nous avions pour habitude, quelques collègues de mon âge et moi, d'aller arpenter l'artère principale de la ville pour y terminer agréablement notre journée. Nous avions dix-huit, vingt ans, nous étions jeunes, dynamiques et frais comme tous les jeunes de cet âge. C'est avec la mine toute joyeuse que nous effectuions des va et vient incessants dans cette magnifique rue de la République. Tout en jetant des regards obliques sur les filles que nous croisions, nous jalonnions nos déambulations de commentaires les plus divers.

Nous ne récoltions que quelques fois un intérêt ou un sourire complaisant de ces demoiselles qui, la plupart du temps restaient imperméables à notre charme. C'était toujours à notre grande surprise, quand de rares fois, quelques-unes se montraient moins snobinardes et nous répondaient par un regard agrémenté d'un agréable sourire. L'expérience nous a démontré au fil des jours, que les saintes nitouches étaient souvent les plus délurées, et que leur expression affichée, n'était qu'une parade derrière laquelle elles se donnaient l'assurance d'une contenance chimérique. Il arrivait quelques fois que l'un de nous, fier comme Artaban, rejoignait une nouvelle rencontre. Le temps passait toujours agréablement jusqu'à l'heure de rentrer chacun chez soi. C'était quelques fois à demi-asphyxié pour avoir écrasé les pédales comme un fou lors de mon retour que j'arrivais chez mes grands-parents. J'ai toujours mis un point d'honneur à respecter l'heure fixée par mes grands-parents qui plaçaient la ponctualité au niveau des premières formes de politesse, du respect et du savoir vivre et dont ils m'en ont inculqué les principes.

Au cours des premiers mois dans ma vie professionnelle, j'ai découvert l'existence des comités d'entreprises. Cette année, une excursion en Camargue fut proposée au personnel. Tôt le matin, nous sommes partis en autocar et avons traversé la Camargue avant de nous y attarder plus longuement sur le chemin du retour.

La journée était belle, le soleil chaud et le Mistral avait décidé de nous laisser en paix en s'accordant lui-même quelques jours de répit. Après avoir longuement suivi un envol de flamands roses, nous avons marqué un moment de pause aux Saintes Maries de la mer, le fief des gitans. Ce lieu est très connu pour leur rassemblement annuel qui regroupe par milliers les gens du voyage. Lors de ces assemblées, c'est un véritable régal de les entendre se déchaîner avec cette frénésie qui n'est que la leur, sur des guitares qui vibrent sous leurs doigts. Sur un fond de mer, au coucher du soleil, il est toujours agréable de se laisser emporter par le rêve en écoutant s'élever le chant rauque et chaud d'un homme qui pleure un amour disparu. Pour porter au comble notre ravissement, quelques belles gitanes fort sympathiques, et surtout très agréables à regarder se trémousser, mettaient en valeur tout le charme de leur corps en dansant le flamenco sous le rythme endiablé des guitares. Sans aucune modération, j'ai pu satisfaire le plaisir de les boire des yeux jusqu'à l'ivresse. J'étais jeune, j'étais frais...

Cette sortie n'aurait pas été complète si nous n'avions pas fait une halte à la manade de Méjane en plein cœur de la Camargue. Réserve naturelle non loin de l'étang de Vaccarès, située entre le delta du Rhône et la Méditerranée, cette terre d'environ six cents hectares est unique pour être dans ses zones humides un réservoir pour sa faune et sa flore. Les mas aux murs blanchis à la chaux et aux toitures de paille des marais que nous avons visités, étaient une véritable découverte. Près des étangs, des troupeaux de taureaux et de chevaux sauvages paissaient tranquillement ensemble. Sur un autre plan, le long des marais, nous distinguions avec émerveillement la silhouette de quelques gardians qui, chevauchant avec leur trident dans une main, se découpaient sur la ligne d'horizon. Leur maestria et leur passion peu communes lors de leurs exercices auraient fait pâlir de jalousie plus d'un cow-boy du West américain.

Après avoir occupé notre place dans la petite arène érigée au sein de la manade, les manadiers se sont avancés vers nous et ont lancé tout de go une invitation aux jeunes gens vigoureux et courageux pour une participation à un jeu taurin. Il ne nous en fallut pas davantage pour répondre à leur sollicitation. Et nous voilà, quelques jeunes audacieux, plus inconscients d'ailleurs que courageux, descendus fanfarons dans l'arène. Nous étions une bonne douzaine, à plastronner, fiers, sur la terre battue, quand, soudain, les manadiers ont lâché une vachette dans l'enclos. Nous n'avions plus du tout le même comportement. C'est qu'elle fonçait tout droit sur nous à vive allure et sans aucune hésitation, la donzelle. Sans plus attendre, nous nous sommes mis à courir dans tous les sens. L'effervescence qui régnait au sein de l'arène fut telle, que certains d'entre nous se sont repliés à vitesse grand V. Il fallait les voir escalader les clôtures, et sortir plus vite qu'ils n'étaient entrés. Ce genre de sport, m'ont-ils dit par la suite, certainement pour dissimuler leur manque d'audace, ne représentait pour eux aucun attrait. Il faut dire que l'animal excité n'hésitait pas à nous jouer des coups vaches. C'était l'occasion à l'époque de faire face à « une vache folle. » Je crois que je n'ai jamais couru aussi vite de toute ma vie. C'était elle, la garce, qui était maîtresse du jeu. Un instant, je me suis trouvé seul au centre de l'arène quand soudain, la sale bête stoppa net, fit volteface et me fixa de son regard noir. Que me fallait-il faire ? Je voyais luire ses poils sous l'effet de sa sueur. Alors que de légers frémissements agitaient son épine dorsale, de l'un de ses sabots antérieurs elle gratta le sol et en souleva un nuage de poussière. Après de brusques mouvements de tête qui projetaient la bave blanche qui s'était écoulée de ses naseaux, elle s'est élancée dans ma direction en propulsant son énorme carcasse. A n'en point douter, j'étais pour elle une merveilleuse cible. Ma panique était à son comble. Placé comme je l'étais, je n'avais plus les moyens de fuir pour lui échapper en regagnant les gradins. Impossible ! Je n'avais ni le temps ni les jambes qui étaient plus disposées à flageoler qu'à réaliser une performance. Convaincu que l'animal n'aurait aucune difficulté à me rattraper, j'ai renoncé à fuir en lui tournant le dos, préférant de beaucoup garder un œil vigilant sur cette imposante bête en furie. Ce fut encouragé par mes collègues qui pour l'occasion étaient devenus des aficionados de fortune, que j'ai décidé d'affronter la brunette, avec la ferme intention toutefois de ne pas terminer en brochette. A l'instant même où elle est arrivée à ma hauteur, d'une rapide pirouette je fis un écart et, à la manière d'un torero (je m'y croyais), d'une esquive plus ou moins élégante mais suffisamment adroite et salvatrice, j'ai évité le monstre qui à partir de cet instant s'est totalement désintéressé de moi. J'entendais mes collègues supporters, ceux-là même qui avaient quitté l'arène et qui depuis étaient confortablement installés sur les gradins, me lancer des « ollé » à s'égosiller. J'avais à la fois sauvé ma face et surtout mes fesses. Le public exprimait sa joie et sa satisfaction devant le spectacle que je leur avais offert malgré moi. Mes collègues du service en particulier, n'étaient pas chiches de bravos, certains même braillaient comme des veaux. Ils avaient tout bonnement considéré pour une prouesse, ce qui en fait ne fut que les conséquences d'un sauve qui peut dicté par l'effet de mon énorme panique. Afin de m'éjecter du cercle infernal, je me suis senti comme propulsé par un ressort, je n'ai pas attendu que l'animal se ravise soudainement. Dans le car, sur le trajet du retour, les conversations tournaient autour de ma « maestria » et allaient bon train. On en a également parlé quelque temps au bureau, à tel point, que j'ai senti peu à peu une excitation naître en moi.

Depuis cette sortie en Camargue et de ce premier affrontement, le virus des courses camarguaises s'est instillé dans mes veines. Cet engouement était loin d'enregistrer l'agrément de ma grand-mère qui n'avait de cesse à me répéter:

- C'est un divertissement de sauvages ! C'est tout juste bon pour te rompre les os !

- Toi qui es passionnée par les corridas, comment oses-tu me dire que c'est un jeu de sauvages ? Dans ce genre de courses, l'animal ne souffre pas, au pire, il s'amuse autant sinon plus que nous.

- Cela n'a rien à voir, car au cours d'une corrida, ce n'est pas toi qui es en danger. Guy, écoute ta Marraine, ne descends pas dans cette arène de dingues, il y a d'autres sports beaucoup moins dangereux.

- Ce fut donc nonobstant ses bons conseils, quej'ai commencé à fréquenter les fêtes foraines au sein desquelles une course de taureaux appelée « course libre » avait lieu. En fait de taureaux, je dois avouer que j'ai fait mes débuts au contact de simples vachettes. Elles portaient une cocarde à la base de leurs cornes et c'était avec beaucoup d'agilité qu'il fallait réussir à la leur ôter. Ces bêtes étaient gaillardes et ne se laissaient pas faire complaisamment car, rompues à ce genre d'exercice, elles semblaient éprouver un malin plaisir à nous pourchasser. Les organisateurs et animateurs de ces festivités ne se privaient pas d'annoncer sans cesse des primes de plus en plus élevées pour mettre davantage d'animation dans la course. Au début, tous les participants étaient assez éparpillés, certains zigzaguaient dans tous les sens alors que d'autres, faisant preuve d'un peu plus d'intuition, préféraient rester sur la touche afin d'éviter le contact avec un adversaire un peu trop impétueux. Le suivant aurait peut-être moins de fougue et se montrerait probablement plus à leur mesure. L'attente était souvent vaine et leur espoir illusoire, les bêtes étaient assez nerveuses dans l'ensemble, et s'il arrivait que l'une d'entre elles était moins véloce, c'était pour masquer une agressivité plus sournoise. De toutes les manières, ce n'était pas ce qu'on peut appeler, une activité de tout repos. Il nous fallait une sacrée dose d'énergie, de fougue, de souplesse, d'agilité, de rapidité et surtout beaucoup d'inconscience, bien plus que de courage. Pendant les intermèdes publicitaires, les enchères qui montaient stimulaient les plus audacieux qui se lançaient à l'aventure.

Peuchère ! Combien étaient renversés et traînés dans la poussière sur quelques mètres ! Leurs chutes marquées par des blessures plus ou moins graves mettaient du temps à cicatriser sans pour autant s'estomper de leur mémoire. Malgré le danger qui nous frôlait de très près, et le drapeau de la mise en garde qui s'agitait, nous faisions fi de ces avertissements. Nous avons tous eu des frayeurs et des douleurs cuisantes. Chacun à son tour, y est passé. Cela m'est aussi arrivé un jour, je n'ai pas dérogé à la règle.

C'était à Montfavet, agréable petite ville du Vaucluse, dont beaucoup l'ont peut-être encore en mémoire, suite à l'énorme publicité qui avait été faite autour de son christ. Cela faisait déjà quelques mois que je m'adonnais à ce genre d'exercice un peu particulier et, me sentant plus aguerri, je prenais des risques de plus en plus grands. Après avoir abandonné les vachettes aux cornes gainées de cuir, je me suis affronté aux taureaux dont les cornes portaient en bout une simple protection sous forme d'une boule grosse comme un bouchon de bouteille de champagne, puis, je me suis frotté à des taureaux dont les cornes étaient nues. Leurs coups plus portants étaient bien plus dangereux. A la suite d'une mauvaise manœuvre, je ne pus éviter cette fois l'animal. Je courais devant lui sans avoir pris le soin d'estimer correctement la distance qui nous séparait. Il se déplaçait vite le bougre. Après m'avoir rapidement rejoint, il a glissé l'une de ses cornes dans la poche arrière de mon pantalon, et d'un magistral mouvement de tête m'a propulsé dans les airs. J'avais la nette impression d'être un gros ballon lancé avec un punch incroyable. Après avoir effectué un magnifique soleil bien malgré moi, pas très fier, je me suis retrouvé sur le sol, les quatre fers en l'air. Le pantalon déchiré jusqu'à hauteur du mollet, je n'ai pas demandé mon reste pour prendre la poudre d'escampette. Par bonheur, dans cette misérable péripétie, mon pantalon fut le seul à avoir souffert du traitement infligé par la bête excitée. Indemne sans la moindre petite égratignure, j'ai ensuite ravaudé mon pantalon avec ce que j'avais sous la main, en l'occurrence ce fut un bout de fil de fer passablement rouillé. Quand je suis arrivé à la maison dans ce piteux état, mes grands-parents ont usé une dernière fois de me mettre en garde en faisant appel à la raison:

- Eh, bien, la leçon ne te suffit donc pas ? Te rends-tu compte de ce qui aurait pu t'arriver ? Ceci n'est qu'un avertissement, cesse de t'exposer davantage en faisant fi du danger.

Ils y allaient bon train et restaient fermes sur leur position. J'ai eu droit à tout un chapelet de conseils et de reproches pour m'en dissuader. Ils n'étaient à court d'aucun argument. A force de répétitions et persuasion, ils m'ont rallié à leur cause. Considérant l'incident de mon pantalon déchiré comme étant un sérieux avertissement, je pris enfin conscience que je me risquais à un jeu dangereux et mis fin à ce genre d'exercice. Ma décision m'apparut encore plus judicieuse, lorsque j'appris quelques semaines plus tard, qu'un professionnel devait porter à vie, un anus artificiel à la suite d'un méchant coup de corne mal placé. Si la fin de cette aventure m'apporta certes, quelques regrets, elle me laissa cependant d'excellents souvenirs.

La maison contiguë à celle de mes grands-parents était occupée par une dame octogénaire qui me rappelait beaucoup ma bisaïeule. Nous la fréquentions régulièrement et je l'appréciais beaucoup. Il m'arrivait d'y prendre mes repas lorsque mes grands-parents s'absentaient quelques jours pour les soins optiques prodigués à ma grand-mère. J'y ai même séjourné de temps à autres jusqu'à une semaine, quand l'absence de mes grands-parents se prolongeait. Cette personne de revenus moyens était propriétaire d'une grande maison, et louait des chambres et des garnis pour des petits séjours, à des cheminots. Parmi les pensionnaires, je me suis lié d'amitié avec un jeune homme de mon âge, fort sympathique qui travaillait au bout de la rue chez un artisan mosaïste carreleur. Souvent à l'extérieur, dans le froid, sous la pluie, il en souffrait beaucoup. L'état de ses mains crevassées par l'eau et la froidure de l'hiver, faisait peine à voir et l'avait conduit à envisager une orientation différente dans le domaine professionnel.

Depuis quelques temps, le besoin d'un quatrième élément dans le service se faisant sentir, ce fut avec une petite idée derrière la tête que j'ai sollicité un entretien avec mon chef de section. Après avoir obtenu un accord de principe sur une éventuelle embauche, j'en fis aussitôt part à Georges dans le but de le sortir de ses mauvaises conditions de travail. Persuadé qu'il allait bondir sur cette opportunité, je fus à mille lieues de m'attendre à sa réaction. Georges se montra très sceptique, il pensait que cet emploi était illusoire et qu'il ne possédait pas les aptitudes requises pour occuper un poste au sein d'un établissement bancaire.

- Tu sais, la Banque a assuré ma formation, au début j'étais comme toi, je n'y connaissais rien et j'ai vite appris, de plus, tu ne seras pas tout seul, je serai là. A tout moment tu pourras compter sur mon aide. Sous la panoplie de tous les arguments utilisés, j'eus la satisfaction du résultat positif de ma démarche. Il a très vite oublié sa première activité et fait par la suite une très belle carrière dans la Banque. Nous avons bossé ensemble jusqu'à mon départ en mille neuf cent soixante-quatre pour le Var. Depuis notre séparation, ni le temps, ni la distance n'avaient en rien altéré notre amitié. Celle-ci s'est éteinte le jour où la vie qui jette ses sorts et décide toujours selon son gré, l'emporta après une sournoise maladie.

Notre sympathique Chef de service, d'une petite quarantaine que je n'ai côtoyé que pendant quelques mois seulement, nous présenta son successeur et nous quitta suite à sa décision de se lancer dans l'exploitation de poules, poulets et œufs. Ma récente présence au sein de la Banque et mon jeune âge ne m'ont pas poussé à savoir si son choix avait été suivi d'un franc succès ou bien, si comme ses gallinacés, il y avait laissé des plumes.

Ce nouveau chef de service qui, après peu de temps, n'était pas sans connaître les tensions qui régnaient entre Mimi et moi, mais, évincé par cette dernière à chacune de ses démarches galantes, ne fut pas à court d'assauts répétitifs à mon encontre. Il me chercha à tel point des poux pour un rien et n'importe quoi qu'au fil du temps, son comportement eut pour effet de redonner vie à mon esprit de révolte qui était en sommeil depuis mon départ de Toulon. A chacune de ses provocations de plus en plus agressives, je sentais l'envie irrésistible de lui remodeler le visage sans ignorer qu'une telle intervention me conduirait à mettre un terme à toute attente de promotion. Mes poings en étaient arrivés à un tel niveau de démangeaison, que résister représentait pour moi une épreuve presque insurmontable. Les mauvaises relations qui suivirent ma rupture avec Mimi, ainsi que mon profil de carrière compromis, furent les éléments déclencheurs d'un mal-être total qui, jour après jour, sapait la joie que j'avais connue depuis mon arrivée. A la suite d'une sérieuse et dernière altercation, j'en vins à donner ma lettre de démission et à présenter ma candidature auprès du Crédit Agricole du Var dont le R S H, ancien cadre du Vaucluse avec lequel j'avais collaboré et sympathisé, me dit qu'il était favorable à une demande écrite.

A réception de la confirmation de mon embauche, le bonheur de me lancer dans cette nouvelle aventure aurait été total, s'il n'avait été altéré par mes bagages qui étaient bourrés de l'énorme peine de m'éloigner de mes grands-parents et de nostalgie pour quitter cette ville aux magnifiques remparts qui avait contribué à édifier en moi de nombreux et merveilleux souvenirs.

A la suite donc de ces cinq premières années accomplies auprès du Crédit Agricole du Vaucluse en qualité de perforateur sur cartes, je fus heureux de poursuivre mon activité au sein du Crédit Agricole du Var pour des raisons que j'exposerai ailleurs.

Au cours de la semaine mon emploi du temps était partagé entre ma gestion au sein de trois bureaux à ouvertures périodiques et une démarche commerciale de prospection intensive. Cette démarche de porte en porte ayant eu pour résultat un fort accroissement de la clientèle a nécessité le besoin impérieux d'assurer une présence permanente au niveau de ces trois bureaux. J'ai donc abandonné l'exploitation de deux bureaux qui ont été confiés par la Direction à deux collègues et me suis consacré au développement de la troisième agence dont j'avais fait le choix, et qui était fort prometteuse quant à son développement.

Tout au long de ces quelques années mon secteur fut essentiellement rural. J'ai pu approcher et mieux connaître les agriculteurs. Hommes noueux, robustes et francs, habitués aux durs travaux des champs. Ils possédaient pour la plupart un cœur généreux. C'était toujours avec les bras chargés de légumes, de fruits ou de fleurs que je repartais de chez eux. Pour m'adapter à cette clientèle, je n'avais pas hésité à m'équiper d'une paire de bottes que je tenais toujours à ma disposition dans le coffre de ma voiture, et que je chaussais pour traverser leurs champs boueux afin de les rejoindre sur leur lieu de travail. Je suis certain que la démonstration d'une telle spontanéité pour accepter leurs dures conditions de travail, fut l'un des facteurs importants de ma réussite. Je me souviens même d'avoir fait signer un bordereau de souscription à un emprunt avant même son émission, sur le train arrière bien charnu d'un cheval de labour.

Ces gens, près de la terre, étaient par contre très différents des quelques marioles qui, à la suite de leur rapatriement d'Algérie, avaient perçu de fortes indemnités et obtenu d'importants crédits de réinstallation à taux bonifiés. Cela leur était certainement monté à la tête car ils se croyaient placés au-dessus des autres, en pétant plus haut que leur cul.

Malgré mes bons résultats bancaires, toutes les activités complémentaires auxquelles je me livrais pour m'apporter un complément financier, ne recevaient pas l'agrément de mon Directeur qui n'avait de cesse de m'invectiver:

- Vous êtes dans une banque, ne l'oubliez pas. Vous devriez afficher un peu plus de dignité.

Cette antienne revenait si souvent que j'en suis arrivé à nourrir une certaine antipathie envers cet homme qui, assurément animé par une grande jalousie, manifestait du mépris à mon encontre. Face à un tel comportement, je n'avais certes pas le caractère à demeurer sans réaction. Toutes les occasions étaient bonnes pour riposter.

Je n'oublierai jamais le jour où il me demanda de le rejoindre à l'étage. Il me chargea les bras de deux très lourds tiroirs métalliques remplis de cartes mécanographiques, il y rajouta deux listages que je maintins calés avec mon menton et me dit :

- Descendez et classez ces deux tiroirs, remettez ces deux listages au service du guichet, notez la côte de telles valeurs boursières, ensuite, vous demanderez au caissier de vous indiquer le montant de l'arrêté de caisse d'hier soir afin que je puisse évaluer l'évolution de notre trésorerie.

Pendant ce temps, toujours devant lui et chargé comme une bête de somme avec les tiroirs qui pesaient lourdement sur mes côtes, je me contentais de le regarder sans piper mot. Quant à lui, il prenait son temps et poursuivait :

- Ah ! J'allais oublier, donnez ceci à la secrétaire et dites-lui de le taper immédiatement. C'est extrêmement urgent.

Et vas-y qu'il rajoutait à son chargement. Comme je restais planté devant lui sans bouger, il me dit :

Allez ! Qu'attendez-vous ? Pressez-vous un peu !

J'avais largement eu le temps de ruminer ma réplique :

- Ah bon, c'est tout ? Je m'attendais Monsieur, à ce que vous ajoutiez aussi un balai.

- Un balai ? Pour quoi faire ?

- Tout simplement, en me le mettant dans le cul, j'aurais pu aussi vous faire le ménage en descendant et remontant l'escalier.

Surpris par la truculence de ma réponse, il marqua un court temps de pause, puis, d'un ton calme et même pas scandalisé il répliqua simplement :

- Ben vous alors !

A chacun de mes retours de prospection, mes collègues firent longtemps allusion à cette réflexion avec un humour un peu lourd à la longue :

- As-tu pensé à passer le balai ?

Les reproches incessants du Directeur, ainsi que ses agissements sournois, ont fini par me lasser et m'ont conduit à remettre ma lettre de démission après ces cinq années d'activité.

Sans aucune difficulté, j'ai pu trouver un nouvel emploi auprès d'un autre Etablissement bancaire sur la même place

C'était une époque où obtenir du travail était relativement facile, une époque où les services bancaires étaient gratuits ou peu coûteux, une époque où les employés effectuaient la totalité du travail, une époque où l'on ne connaissait encore ni les GAB ni les DAB, une époque où les clients étaient chaleureusement accueillis par des guichetiers qui saluaient la clientèle sans ruminer un chewing-gum…

Après avoir démissionné du Crédit Agricole un vendredi en fin de journée, je suis entré le lundi suivant à la Banque de Provence, où la Direction me confia l'administration d'une agence à développer dans le petit village balnéaire de La Londe les Maures. Cette petite agence située dans un secteur prometteur n'était qu'à son balbutiement, et ne nécessitait au demeurant que deux éléments. Je n'avais donc qu'un caissier pour me seconder dans le travail. Il était jeune, très sympathique, et, du fait de son tout récent début dans le métier, ses capacités de concentration sur son travail n'avaient d'égales que ses connaissances limitées. Tous les soirs, mises à part de très rares exceptions, ses erreurs de caisse, souvent dues à de simples étourderies, exigeaient ma présence pour y apporter les redressements qui s'imposaient au détriment de mon activité commerciale. Loin d'oublier mes débuts, je savais devoir user de patience afin de lui permettre d'acquérir une aptitude professionnelle satisfaisante. Hormis son approche aimable avec la clientèle et son extrême gentillesse, ni le temps, ni mes conseils ne contribuèrent à l'amélioration de ses compétences. L'idée de m'en séparer traversa mon esprit, mais une telle issue me répugnait malgré mon besoin impérieux de disposer de plus amples libertés pour mes activités extérieures.

Afin d'échapper à cette alternative très embarrassante, j'ai tout simplement opté pour remettre ma lettre de démission. Ce choix qui m'apporta la paix de l'esprit, ne résolut cependant en rien le problème du jeune caissier qui fut congédié en fin de stage probatoire, faute d'avoir donné satisfaction au nouveau Directeur d'agence.

Les qualités professionnelles que je possédais m'apportaient toute quiétude pour la recherche d'un nouvel emploi dans un organisme bancaire quel qu'il fut. C'est ainsi qu'à la suite d'une entrevue et quelques négociations, je suis entré à la Société Lyonnaise, attaché au service du portefeuille. C'était un travail de routine, le traitement des effets à l'escompte et à l'encaissement ne présentait aucune difficulté particulière. Je me sentais peinard à ce poste sédentaire, je pensais que je n'aurais plus à tirer les sonnettes en vue d'atteindre les objectifs fixés par la Direction. Malheureusement, le chef du service commercial qui eut l'écho de mes résultats précédents, décida de m'utiliser en qualité de démarcheur. Et vlan ! Je me suis à nouveau retrouvé avec mon inséparable attaché case à la main, et je dus repartir à l'assaut d'objectifs impressionnants. Les produits alléchants proposés suscitant un véritable intérêt auprès de la clientèle commerçante qui recherchait avidement les placements anonymes pour…, me permirent d'obtenir rapidement les résultats escomptés.

Je parvenais aisément à constituer un portefeuille de clientèle par le biais de la démarche directe, ainsi que par l'exploitation des renseignements que me communiquaient certaines de mes relations.

La grande compétition qui existait entre chaque agent commercial, nous stimulait pour atteindre les objectifs annuels imposés à chacun de nous par la Direction. Cette sympathique rivalité, sans oublier bien évidemment, les primes qui en découlaient, étaient l'élément moteur de notre dynamisme et de notre réussite. Je n'aimais pas ce boulot que je trouvais ingrat, et qui demandait un investissement permanent et parfois fastidieux, cependant, je me suis toujours appliqué à donner le maximum de moi-même afin d'atteindre, voire dépasser les objectifs annuels.

Au cours de trois années de démarche intensive, les longues discussions que j'entretenais avec les commerçants à l'intérieur de leurs boutiques quelquefois exigües, n'avaient rien de comparable avec les contacts que j'avais établis en plein champ avec mes chers agriculteurs. J'éprouvais une certaine nostalgie, j'avais comme un sentiment de regret d'avoir abandonné ma clientèle agricole.

Ces trois années furent plus que suffisantes pour prendre la décision de retourner dans mon élément. Ce fut auprès du Crédit Agricole des Alpes Maritimes, attaché à la succursale de Mandelieu, que j'ai connu un secteur très riche composé de restaurateurs, d'hôteliers, de propriétaires exploitants de camping, et d'horticulteurs pour la plupart mimosistes*. Jusque-là, je n'avais jamais rencontré une telle abondance. Je ressentis ce secteur comme une véritable mine d'or. Le filon était là, il ne me restait plus qu'à l'exploiter.

Je me suis investi comme un fou en travaillant tous les soirs jusqu'à point d'heure. Je n'avais en tête que les objectifs à atteindre au cours de ma période probatoire de six mois.

Cela fut payant bien sûr, car à son terme, j'avais réalisé six cent quatre-vingt-dix pour cent des objectifs annuels fixés par le Direction.

Atteint en si peu de temps, ce résultat énorme qui représentait peu ou prou, sept fois l'objectif annuel, me permit de lever le pied allègrement en attendant la lettre de la Direction confirmant ma titularisation. dès lors, en totale décontraction, je me suis permis de terminer délibérément mes semaines le vendredi en fin de matinée.

*Mimosistes : Horticulteurs exploitants le mimosa

La décontraction ? D'accord ! Mais avec un minimum de sérieux tout de même ! Ce ne fut pas toujours le cas : un jour de gros encaissement, après avoir longuement bavardé et plaisanté avec les propriétaires exploitants d'un camping et quelques touristes, j'en étais presqu'arrivé au point d'oublier la Banque.

J'en suis reparti tranquillement pour le Bureau en fin d'après-midi quand, sur le chemin du retour, certainement interpelé par mon subconscient, une grande crainte m'envahit soudain. Ma sacoche ! Alors qu'une sueur froide commençait déjà à perler sur mon front, j'ai lancé un rapide coup d'œil sur le siège du passager avant puis sur ceux de l'arrière. Rien ! Sans aucune hésitation, j'ai rapidement effectué un demi-tour sur la chaussée et, en me faufilant dans la circulation dense du mois d'août, je repris la direction du camping. Il était préférable de ne pas traîner. J'ai adopté cette fois-là, une conduite plutôt sportive, slalomant entre les voitures, et parfois même à demi sur la chaussée et le trottoir. Par bonheur, les feux n'étaient pas au rouge sinon, je crois que je les aurais brûlés. Enfin arrivé sur les lieux de mon incommensurable négligence, il m'a semblé que le temps s'y était arrêté, tout y était resté figé. Les mêmes personnes étaient à la même place, dans la même position et riaient des mêmes sempiternelles plaisanteries. En poussant discrètement un énorme ouf de soulagement et à la surprise de tous, j'ai saisi ma mallette pleine de mes encaissements de la demi-journée. Tous ces lascars ne s'étaient même pas aperçus qu'ils avaient une petite fortune à leurs pieds.

A la manière d'un soliloque, sur toute la distance menant au Bureau, je n'ai cessé de m'adresser tout un chapelet d'insultes dont certaines n'étaient pas piquées des vers. Ce déplorable comportement que j'ai attribué à une évidente légèreté de ma part, m'a tellement traumatisé que je me suis bien gardé d'en faire la confidence même au plus discret de mes collègues.

Ainsi que je m'y attendais, ma titularisation est arrivée avec les compliments de la direction. Compte tenu du chiffre réalisé, à vrai dire, je n'en fus pas frappé d'étonnement. Autour d'un pot, nous avons fêté cet évènement entre collègues et notre Directeur d'Agence. Tout à ma joie, je ne me doutais pas de la surprise qui m'attendrait à la fin du mois. A la réception de mon septième bulletin de salaire, j'ai cru tout d'abord à une simple méprise du service du personnel ou de la comptabilité. Le montant qui y était porté était inférieur de trois cents francs à celui que j'avais perçu pendant les six mois précédant ma titularisation. Il faut savoir que nous étions en 1972 et qu'une différence de 300 francs n'était nullement négligeable.

- Je ne comprends pas pourquoi ! me dit le Chef d'Agence.

- Moi, pas davantage !

- Appelez le siège à Nice !

J'ai immédiatement pris contact avec le service de la comptabilité dont le chef me dirigea vers le D.R.H. auquel je fis part de mon étonnement :

- Si ce n'est pas votre ordinateur qui s'est mélangé les pinceaux, je pense alors qu'il s'agit d'une erreur du service du personnel, comment expliquez-vous que mon septième salaire soit inférieur à celui des six mois précédents ?

- Il n'y a absolument aucune erreur, cela n'a rien d'exceptionnel, car nous avons pris en considération vos résultats. Avez-vous une idée du montant des primes que vous allez percevoir ?

- J'en ai une vague idée et m'en réjouis d'avance.

- Vous pouvez en être satisfait car le montant va être considérable.

- Mais encore ?

- C'est très simple, vous avez réalisé sept fois plus que nous vous le demandions. Vous n'êtes pas sans connaître le coefficient que nous appliquons en surprime sur l'excédent, il vous sera aisé d'en faire le calcul.

- O.K., mais cela n'explique en rien la diminution de mon salaire.

- C'est très simple également, compte tenu de vos revenus mensuels calculés sur cette nouvelle base, et de la totalité de vos primes à recevoir, vous allez percevoir une somme totale d'environ vingt mois de salaire.

- J'ai suffisamment l'esprit ouvert pour comprendre que vous avez prélevé sur mon salaire une grande part de mes primes. Il s'agit là d'une plaisanterie dont je ne partage vraiment pas l'humour.

(C'était les prémices de ce que nous connaissons aujourd'hui : Travailler plus pour gagner moins…)

- Un résultat pareil ne s'est jamais produit, le montant de vos revenus sera plus élevé que celui d'un sous-directeur du siège.

- Mais Monsieur je m'en moque éperdument car le sous-directeur du siège dont vous faites état, quitte son bureau à dix-huit heures quand la cloche sonne, rentré chez lui vers les dix-huit heures trente, il déguste son whisky que son épouse lui a certainement servi, et lis son journal avant de prendre son dîner à vingt heures, ensuite, confortablement installé devant sa télé, il éructe d'aise avant de s'assoupir. Sachez que je ne rentre chez moi qu'après en avoir terminé avec mes derniers rendez-vous de vingt et une heures. De tels résultats ne s'obtiennent pas en claquant des doigts.

- Je n'en ai aucun doute, mais nous ne pouvons rien y changer.

Ce n'était en fait ni une erreur ni une plaisanterie. J'étais furieux. La discussion n'ayant abouti à aucun fléchissement de la part de la Direction, sans surseoir, j'ai rédigé ma lettre de démission (encore une) que mon directeur d'agence s'empressa de déchirer et de jeter à la corbeille à papiers dès qu'il l'eut en mains. C'était certes, un geste sympathique de sa part qui était le témoignage de son appréciation, ainsi que de son vif intérêt à vouloir me garder, mais, indigné par la position inflexible de la Direction Générale, j'ai rédigé une nouvelle lettre que j'ai remise à mon Directeur en lui disant :

- Vous pouvez la déchirer, j'ai pris la précaution d'en faire quelques photocopies. Il ne faut pas délirer. Je refuse d'être pris pour un imbécile et d'être exploité d'une façon aussi malhonnête. Avec de tels résultats, d'autres Banques n'hésiteront pas à m'ouvrir grand leur porte.

Très contrarié par la ferme position du Crédit Agricole des Alpes Maritimes à ne pas reconnaitre l'honnête rémunération de mon investissement personnel, j'ai une nouvelle fois pris la décision de démissionner après avoir comme il se doit, effectué un mois de préavis en totale décontraction.

Après quelques jours de vacances bien méritées, il fut sage de me replonger dans ma vie professionnelle. Pour cela il me fut nécessaire de prospecter en quête d'un nouvel emploi. Contrairement aux espoirs sur lesquels je m'étais fondé, cela fut moins facile et me créa quelques soucis. Le marché du travail commençait à se refermer. En attendant une réponse positive aux quelques courriers que j'avais adressés aux différents établissements financiers de la région, je ne suis tout de même pas resté inactif.

Enfin, deux lettres mirent fin à mon attente. Je me suis précipité chez l'un des deux Banquiers qui, après avoir pris connaissance de mes résultats, retint aussitôt ma candidature. Il me proposa un salaire bien supérieur au précédent, avec près de vingt mensualités par an. Son embauche cependant, ne devait prendre effet que deux mois plus tard. Dans la même foulée, je suis allé me présenter au deuxième Banquier qui, lui également, au vu des chiffres que j'avais atteints, me proposa un meilleur salaire encore, avec une embauche immédiate. Sans aucune hésitation, mon choix se porta sur cette seconde proposition. Disponible, Je fus prêt pour me présenter au travail dès le lundi qui suivait. Durant la semaine je me suis familiarisé avec tous les nouveaux produits et je repris contact avec la clientèle urbaine. Interrompant un instant ma démarche commerciale, j'en ai profité pour rendre visite au précédent Directeur à qui j'avais verbalement donné mon accord. En apprenant que j'avais renoncé de patienter jusqu'à la date d'embauche qu'il m'avait indiquée, il ne me cacha point son désappointement. Se ravisant, il me demanda :

- Maitrisez-vous les différentes techniques de crédit ?

- Ainsi que vous avez pu le constater au travers de mes résultats, mon activité a été celle de cibler l'épargne. Cela dit, formez moi sur les techniques de crédit et je vendrai du crédit.

- Votre franchise me plait ! Pouvez-vous patienter un instant, juste le temps de donner un coup de fil ?

- Je vous en prie.

La conversation dans le bureau contigu fut assez brève. Il revint presque aussitôt et me dit :

- Votre embauche dès lundi prochain avec un salaire supérieur de trois cents francs à celui que vous avez obtenu auprès de l'autre Banque, cela vous convient-il ?

C'était de la véritable surenchère pour ne pas dire le souk.

Comment ne pas donner son accord sur ces nouvelles bases ? A la suite de cet entretien, je suis retourné auprès du Directeur qui m'employait depuis cinq jours et lui ai donné les raisons de ma démission. Sans l'ombre d'une hésitation, ce dernier me proposa de s'aligner sur son confrère en me priant de rester. Il attendait ma réponse et me fixait, son énorme cigare entre les dents. Ma décision fut rapide, je lui répondis:

- J'opte pour la Banque de crédit, cela me donnera une orientation professionnelle différente des Banques de dépôts auprès desquelles j'ai exercé jusqu'à présent.

Il respecta mon choix sans insister davantage dans le but de me faire fléchir sur ma décision. Notre entretien terminé, nous nous sommes quittés en excellents termes, après seulement une petite semaine de collaboration.

J'étais donc à l'orée d'une nouvelle aventure où un travail très différent m'attendait.

De stages en séminaires, j'ai reçu la formation nécessaire. La technique des crédits d'anticipation et de consolidation qui m'était apparue complexe lors de mon début d'activité, n'avait plus de secret pour moi. Une nouvelle clientèle faite de promoteurs, agents immobiliers et autres prescripteurs devenait ma cible principale. Les hôtesses des bureaux de vente de programmes immobiliers, toutes plus charmantes les unes que les autre, ne manquaient pas d'agrémenter mes contacts de leurs sourires et de leur charme. Après trois années de bons résultats, et un nouveau stage de formation, la Direction me gratifiait d'une sérieuse augmentation de salaire, j'aurais dû..... Eh bien non ! Marseille, beurk Marseille !

Rien ne me convenait, je m'y sentais totalement étranger, tout me paraissait hostile, les difficultés à trouver une place de stationnement, les gens, les rues avec leurs trottoirs truffés d'excréments de chiens et d'autres déchets plus ou moins avouables ainsi que ces femmes qui, sur le seuil d'une porte, faisaient commerce de leur corps. Qu'elle était loin ma sympathique clientèle agricole ! Peu enclin à supporter ce genre de décor, J'ai une fois de plus, présenté ma lettre de démission qui fut d'ailleurs, mal accueillie. Le Directeur Régional me traita sans vergogne, de salopard. Il n'acceptait pas que je quitte son entreprise après toutes les propositions qui venaient de m'être faites. Mon souhait de fuir au plus vite cette ville était si fort, que peu m'importait la valeur des offres qui me furent proposées ainsi que les paroles qu'il m'adressait.

Afin de m'acquitter du mois de préavis avant mon départ, j'ai assuré durant quatre semaines le recouvrement de nombreuses échéances impayées. Ce travail m'a permis d'effectuer un long et agréable périple tout autour de l'Etang de Berre. J'y ai revu Varages, sans toutefois reconnaître le site qui avait bien changé avec le temps, mais le souvenir de nos courtes vacances avec mes grands-parents n'a pas manqué de titiller mon cœur d'une douce et triste émotion.

Les risques du métier existent aussi au sein de la Banque. Une visite chez un client faillit mal tourner. Je n'en menais pas large. J'ai eu maille à partir avec ce client belliqueux qui me reçut et me mit en joue avec sa carabine vingt-deux long rifle. Par bonheur, son épouse qui était avec lui dans l'encoignure de la porte fenêtre put le raisonner et lui faire poser son arme. Cette anecdote mise à part, ce fut au cours d'une tournée dans un site agréable, que s'est terminé mon mandat dans cet établissement bancaire.

Au cours de ces trois dernières années, au sein de cette Banque de crédit, nous avions saisi l'opportunité d'apporter notre soutien aux Banquiers de dépôts qui étaient asphyxiés par la décision gouvernementale touchant à l'encadrement du crédit. Afin de leur permettre d'échapper à cette restriction qui limitait la progression de leur encours, et répondre aux besoins de leur clientèle sous forme de crédit ou de découvert, nous leur avions proposé notre concours. Heureux de cette proposition, ces banquiers bénéficiaient de notre trésorerie et limitaient leur participation au niveau du risque seul. Nous travaillions ainsi en Pool et en qualité de chef de file, nous assurions la gestion des dossiers.

A l'occasion de mes nombreux contacts avec les responsables financiers de divers établissements, j'avais entretenu quelques affinités avec certains d'entre eux. Je savais que si le besoin se faisait sentir un jour, une porte pourrait m'être ouverte par ce biais. Combien je me suis félicité d'avoir semé de bonnes graines en temps utile pour en récolter les fruits. Sans connaître d'interruption, j'ai pu être embauché par la Banque Populaire au même salaire, aussitôt après le mois de préavis que je venais de terminer. Je n'eus à prouver ni l'une ni l'autre de mes compétences car ils m'avaient apprécié lors de mes régulières interventions précédentes.

Tirant profit d'un peu plus de liberté que venait d'accorder le Gouvernement au niveau de l'encadrement du crédit, le travail en concours avec les Banques de crédits ne représentait plus aucun intérêt. Il me suffisait alors de visiter mes anciens prescripteurs avec lesquels je m'étais lié de sympathie, et de leur demander de m'adresser dorénavant tous leurs dossiers de demande de crédits immobiliers. C'est ce que l'on appelle "changer de casquette" ou bien encore, "retourner sa veste". Ce comportement ne se pratique pas seulement en politique. La mise en pratique de cette idée, fit que nos possibilités annuelles furent réalisées en un temps record après guère plus de deux mois de démarche.

- Il est fou celui-là! S'exclama le Sous-Directeur Régional.

Grande question, qu'allait-on faire de moi ?

J'ai alors été affecté en qualité de suppléant du Chef de service de caisse au sein de la plus grande agence toulonnaise. Celui-ci, un pagailleur à l'extrême laissait s'accumuler une montagne de documents composés de courrier en retard et de dossiers non classés qui recouvraient son bureau. Le pauvre homme n'avait aucun sens de l'organisation. Peu confiant en ses subalternes par manque d'appréciation et de compétences, il ne lui était pas ouvert de déléguer. Il passait son temps à remuer sa paperasse dans tous les sens, convaincu, en brassant ainsi beaucoup d'air même en totale inefficacité, qu'il donnait l'impression d'abattre beaucoup de travail.

A la veille de son départ en vacances, il me fit venir à son bureau et me montra l'amoncellement de ses instances. Après toutes mes années à la Banque, je n'avais jamais vu, pour rester correct, un tel foutoir. Après m'être entouré de deux ou trois éléments compétents et avoir judicieusement réparti les différentes tâches entre nous, tout le retard fut apuré en quelques jours seulement.

Le fonctionnement de notre petite équipe s'est avéré parfaitement huilé jusqu'au jour où nos guichets connurent une très forte affluence en fin de semaine.

Sûrement débordé au guichet, l'un des éléments du service placé sous ma responsabilité, crut bon de jeter sous l'effet de la colère, un ordre de virement de compte à compte dans la corbeille à papiers, et cela même, sous les yeux de ses collègues de travail. Ce geste délibéré excluant toute erreur ne m'ayant pas échappé, m'interdisait de ne pas intervenir en qualité de responsable du service. Alors que je lui ai demandé les raisons d'un tel comportement, il s'emporta vivement plutôt que de faire amende honorable. Sa faute et son attitude belliqueuse m'ont conduit à lui appliquer une sanction en conséquence. Mal m'en prit, car le coquin était lié d'amitié avec le chef d'agence qu'il régalait à coups de cuissots de sangliers braconnés dans la forêt des Maures non loin de Collobrières. Malgré la forte opposition de ce Chef d'Agence, et des aimables conseils du Chef du Personnel qui n'ignorait pas les relations étroites entretenues entre ce guichetier et ce Chef d'Agence, essaya de me dissuader d'appliquer cette sanction, je suis tout de même resté ferme sur ma position. Refusant de courber le dos sous le poids de la crainte au risque même de subir des retombées par la suite, j'ai sanctionné cette transgression volontaire par un blâme, convaincu d'agir d'une manière sévère certes, mais appropriée. Quelques jours plus tard, notre bon Chef de Service est revenu tout bronzé après trois semaines de vacances écoulées sous le soleil de la Riviera. Quand il s'approcha de son bureau qu'il ne reconnut qu'à quelques éraflures et aux nombreuses brûlures de cigarettes, tant celui-ci était net et vierge de toute pagaille, il fut frappé d'une stupéfaction difficile à dissimuler. Tout avait été traité et rangé. Plus de dossiers en attente, pas la moindre lettre en suspens, plus de fouillis dans les tiroirs. Il ne pouvait que constater que le travail avait été mené tambour battant et de la manière la plus satisfaisante qui fut par tous les membres du service. Le point d'honneur auquel je m'étais attaché pour m'acquitter pleinement de mes fonctions de suppléant avec le concours des quelques guichetiers, n'eut pour effet que de susciter auprès de ce Chef, que jalousie et rancœur. Cette larve faisait partie de quelques autres qui, sans aucune dignité, inconscientes de leur avilissement, dès le matin, prenaient un plaisir malsain à virevolter autour du Chef d'Agence pour lui rapporter tous les potins qui circulaient sur les uns et les autres. Incapables de se faire remarquer par quelque compétence personnelle, c'était leur seule manière de se valoriser en s'attirant les bonnes grâces de leur supérieur hiérarchique. Cette attitude plaisait beaucoup à ce Chef d'Agence qui plastronnait ainsi au milieu de sa cour, tel un roi se délectant devant les courbettes de ses sujets. Le plus renversant, c'est que cette pratique portait ses fruits. Chacun sait que la flatterie paie et que l'on peut en tirer grand profit lorsqu'elle est pratiquée avec habileté, n'est-ce pas, Monsieur de la Fontaine ? C'était le cas de ce fameux chef de service. Il n'était pas rare de voir ce gros bouffi servir une tasse de café avec empressement à son supérieur, et s'esclaffer à l'écoute de ses plaisanteries plus ou moins douteuses. Toute une troupe de faux culs se trémoussaient ainsi en cortège. Leur comportement me faisait horreur, je réprouvais le manège de tous ces lèche-bottes qui s'avilissaient en obséquiosités dégoulinantes d'hypocrisie. Je ressentais même de la gêne à les voir ainsi courber le dos, et se dandiner de façon aussi grotesque. A cause de ces conards, je suis devenu le vilain petit canard. La qualité de mon travail pesait beaucoup moins dans la balance que leurs basses manigances. La préférence allait toujours à ces salauds. Le vent avait changé de direction et ne me soufflait plus en poupe.

Quelques jours plus tard, sans savoir quelle mouche l'avait soudainement piqué, je vis le Chef d'Agence sortir en furie de son bureau. Le visage déformé par la colère, il se précipita vers moi et s'approcha tant et si bien que son nez ne fut qu'à un à deux centimètres du mien. Sans faire le moindre geste, sans même tourner la tête, mais le fixant droit dans les yeux tout comme je soutenais le regard mauvais de la Folcoche, je lui dis simplement ceci:

- Vous devriez prendre garde à vos sautes d'humeur, Monsieur.

Puis, toujours sans détourner mon regard, désignant de la main une de nos collègues qui était derrière son guichet à deux pas de nous et qui ne pesait au grand maximum qu'une quarantaine de kilos, je poursuivis :

- Sachez un instant qui vous fait face, je pèse deux fois plus que madame, et n'apprécie nullement votre comportement agressif. Je vous conseille vivement de cesser vos simagrées

265

d'intimidation et de faire immédiatement un pas en arrière.

Me connaissant suffisamment et sachant que j'étais tout à fait prêt à associer le geste à mes paroles, ce ne fut pas un pas qu'il fit en arrière, mais une rapide volte-face suivie d'un prompt retour à son Bureau en grommelant. Le Directeur Général qui était aux premières loges accoudé sur la rambarde de la mezzanine, avait assisté à toute cette scène. Mes collègues me rapportèrent aussitôt après l'altercation, qu'ils avaient nettement perçue sur sa mine réjouie, l'air affiché d'avoir apprécié mes mises en garde et qu'il s'attendait peut-être au moment où j'en serais venu aux mains. Je n'eus aucune peine à le penser car les relations entretenues entre le Directeur Général et le Chef d'Agence étaient loin d'être des meilleures. A n'en point douter, placé aux premières loges, il aurait bien apprécié que la scène ne s'arrêtât pas ainsi, mais l'incident se limitant à des mots fut ainsi clos, à la grande déception de beaucoup. Il est vrai, qu'à cette époque je m'emportais vite, et dès lors, m'inquiéter de mon avenir professionnel devenait le cadet de mes soucis.

Immédiatement après notre courte altercation, cet enfant de salaud qui n'avait encore rien digéré, jugea que cet incident méritait un blâme. Celui-ci ne fut pas établi sur la qualité de mon travail, mais appuyé sur notre incompatibilité d'humeur. Ainsi satisfait, il put savourer sa vengeance contre la sanction que j'avais infligée à son ami fournisseur de cuissots de sangliers. Cela n'empêcha pas le collègue que j'avais sanctionné de me bouder quelques temps, et de se montrer parfois très arrogant, mais le temps a fini par gommer cette mésaventure. Tout finit par s'aplanir. Les cartons rouges ont viré à l'orange, puis, toute rancune disparut. Quelques semaines plus tard, le Directeur Général me fit savoir que le blâme n'avait pas été enregistré à mon dossier eu égard à la qualité de mon travail et à celle de mes relations entretenues avec l'ensemble du personnel.

Le siège de notre Agence Centrale était situé au centre-ville même, sur l'axe principal de Toulon. Nous étions stratégiquement bien placés avec un immense parking à proximité qui en rendait l'accès très facile. En fin de semaine nous enregistrions quelques fois, une importante fréquentation de marins de la flotte américaine, des grecs ainsi que quelques espagnols et italiens. Les contacts au guichet avec cette clientèle de passage étaient parfois cocasses, car nous ne maîtrisions pas du tout leurs différentes langues maternelles. Le change de leurs devises qui s'effectuait par le biais de verbiage et de gestes, s'effectuait tout de même à leur grande satisfaction. Ces jeunes matelots enrôlés ou engagés pouvaient ainsi jouir pleinement de leur permission en allant dépenser leur solde en francs ou en dollars le soir dans les bars jalonnant les rues chaudes de la basse ville où les filles grouillent avides de billets en compensation de leurs prestations.

Un jeune matelot de la Marine Française s'extériorisa un jour avec une soudaine incorrection. La cigarette au bec, l'air menaçant, il se mit à insulter violemment un des six guichetiers, le plus âgé de l'équipe qui n'était plus qu'à quelques semaines de son départ à la retraite. Alerté par les vociférations du jeune moussaillon, je me suis approché pour m'informer de ce qui suscitait en lui un tel emportement vis-à-vis de ce guichetier. Le problème était simple et portait sur le refus justifié du paiement de son chèque. Après en avoir donné les raisons à ce jeune freluquet, l'incident fut clos après mes dernières recommandations :

- Vous devriez avoir honte de votre conduite arrogante vis-à-vis de ce guichetier qui a l'âge de votre grand père, je ne vous accorde aucune excuse pour vous être comporté de la sorte, cela dit, je vous recommande expressément de prendre la porte, et de vous diriger immédiatement vers le libraire le plus proche afin de vous procurer la dernière édition du manuel du savoir vivre. Lorsque vous l'aurez appris par cœur dans les deux sens, de gauche à droite et de droite à gauche, vous pourrez seulement revenir vous présenter pour me le réciter. Je serai alors tout ouïe et disposé au paiement de votre chèque si vous me donnez entière satisfaction. En attendant, dehors!

La mine déconfite, il se représenta devant notre guichet une demi-heure avant la fermeture des bureaux pour le weekend. Je me suis approché de lui et lui ai lancé :

- Je vous écoute. Et, ne l'oubliez pas, je veux du mot à mot.

Il est resté bouche bée. J'ai tourné les talons et l'ai planté là comme deux ronds de frites. Il est reparti certainement non sans me maudire intérieurement. Dés l'ouverture du lundi suivant, il s'est présenté à notre guichet. Entre temps, toute opposition à un paiement ayant été ôtée, nous avons pu donner satisfaction à ce jeune godelureau qui, ayant tout perdu de son arrogance, nous quitta avec le sourire après s'être confondu en excuses.

Pour en terminer avec les anecdotes du guichet, j'ai en mémoire la visite d'une dame aux longs cheveux blonds ondulés, elle était élancée et dégageait beaucoup de charme dans sa toilette griffée. Elle portait une broche qui dégageait mille éclats, des bijoux à ses poignets, et une ou plusieurs bagues à chacun de ses doigts, à tel point, qu'elle n'aurait pu en porter davantage qu'à la condition de se faire greffer d'autres doigts. En un mot, c'était une femme qui n'affichait nullement souffrir d'un quelconque besoin, si ce n'était celui de contracter un petit crédit personnel de dépannage aux fins de satisfaire éventuellement son comportement compulsif au cours de son lèche-vitrine.

A l'examen de sa demande cependant, je lui dis :
- Il ressort nettement que les charges du crédit que vous sollicitez seraient trop

importantes par rapport aux faibles revenus que vous venez de m'indiquer.

- J'ai une autre entrée régulière tous les mois.

- Quelle est la nature de ce revenu ?

- C'est la pension que me verse mon conard de mari.

- Pardon ?

- C'est la pension que me verse mon conard de mari.

- J'avais bien saisi Madame, mais vous pourriez avoir un peu plus de respect pour celui qui vous entretient tous les mois, car si je ne m'abuse, compte tenu de l'abondance et de l'éclat de vos bijoux, et eu égard à vos faibles revenus officiellement déclarés au fisc, l'allocation qui vous est versée sous forme de pension compensatoire par votre « conard de mari », pour reprendre votre expression, doit être importante.

- En effet elle est de tant.

- Cela est différent et bien suffisant en effet quant aux critères d'octroi d'un crédit, mais ne change en rien ma position car, ainsi que je viens de vous le dire, je pense d'une part que vous pourriez avoir un peu plus de respect pour cet homme, et d'autre part, nous ne sommes pas des Banquiers qui prenons en compte les revenus provenant d'un « conard de mari ». Voyez plutôt un autre Etablissement qui se prête à ce genre d'opérations. Au revoir Madame.

Bien que les esprits se soient apaisés au sein du service depuis l'altercation, l'ambiance restait tout de même assez pesante et ma situation n'était absolument pas exaltante sur le plan relationnel avec le Chef d'Agence. Que faire pour me sortir de là ? Le Directeur des Crédits qui était à l'origine de mon embauche, était tout à fait conscient des obstacles auxquels j'étais exposé et de mon impatience d'aller respirer un air beaucoup plus sain que celui que j'étais obligé d'inhaler chaque jour. Pour améliorer ma position et, certainement pour apaiser sa conscience, il me reprit au sein de son service en qualité de rédacteur. Il avait la responsabilité de tout le plateau qui regroupait plusieurs sections dont l'escompte des effets, les crédits personnels et immobiliers ainsi que tous les concours aux professionnels. J'ai connu à partir de là, une nouvelle activité bien différente de celle que j'avais pratiquée auprès de mes prescripteurs immobiliers. Il a fallu que je me familiarise avec ces « Crédits aux Entreprises », les bilans et les comptes d'exploitation. Ce n'était pas du tout ma tasse de thé, mais ma satisfaction d'être sorti de l'ambiance malsaine dans laquelle j'avais évolué, me donna la volonté d'aborder avec sérénité ce nouveau job pour lequel je reçus une formation par stages et séminaires.

Lors d'un séminaire résidentiel d'une semaine, tant par son air enjoué qu'avec ses qualités pédagogiques, l'animateur d'une trentaine d'année avait su gagner la sympathie de tout notre petit groupe. Son enseignement nous était prodigué avec décontraction et humour. Son enthousiasme ne le quittait pas, c'est dire que lorsque nous partagions nos repas, l'ambiance était souvent euphorique. Une bouteille de bon vin et lever le coude ne le rebutaient pas, loin de là ! Nos soirées avec une partie de tarot pour certains, ou devant le téléviseur pour d'autres se terminaient toujours à une heure avancée de la nuit.

Un soir, négligeant très certainement tout souci de modération, notre animateur avait beaucoup trop levé le coude. En titubant légèrement, il nous salua et nous dit qu'il allait se pieuter. Alors que certains poursuivaient avec passion leur partie de tarot ou le film à la télé, nous fûmes soudain alertés par le tapage qui venait du couloir des chambres. Un de nos collègues qui nous avait quittés plus tôt dans le souci de réviser ses notes de la journée, revint vers nous inquiet.

- Venez vite, le prof est en train de semer un bordel pas possible !

- Que se passe-t-il ? C'est lui qui est à l'origine de ce barouf ?

- Oui, il cogne contre toutes les cloisons et les portes des chambres, mais le pire, c'est qu'il a aussi arraché les téléphones de leur fixation murale avec une telle violence, que les fils en ont été sectionnés.

- Oh putain, qu'est ce qui lui arrive ?

- Il a tout simplement trop siphonné la bouteille ce soir, et il est plus près de « vin que de trente ».

- Venez, il faut faire quelque chose pour limiter les dégâts.

Nous sommes partis à plusieurs avec l'intention de le maîtriser rapidement, mais c'est qu'il nous glissait entre les mains comme une anguille, le coquin. Alors qu'il courait devant moi, je l'ai immobilisé par un plaquage au sol. Non amorti par la pelouse d'un stade, le contact avec le carrelage fut assez rude. Il était sur le dos et j'étais à califourchon sur lui, mes mains sur ses épaules pour le maintenir immobile.

- Et maintenant, que fait-on ? Je ne vais tout de même pas passer la nuit sur lui ? Où est notre Chef de groupe ?

- Il est là !

- Alors ?

- File-lui deux bonnes pêches.

- Quoi ?

- Oui, colle-lui deux bonnes pêches, je te dis, j'en prends l'entière responsabilité.

- Dans ce cas, aucun problème.

- Alors, qu'attends-tu?

En fait, tout en prononçant les mots : « aucun problème » il y en avait un cependant, car, si sous l'emprise de la colère, j'ai toujours été capable d'une bonne distribution de coups sans ménagement, en l'occurrence, frapper quelqu'un qui ne m'avait ni agressé, ni offensé, ne me correspondait en rien.

Après lui avoir malgré tout administré mon sédatif sous bonne dose, nous l'avons pris en poids et l'avons déposé sur son lit.

Le lendemain matin, nous étions tous assis à notre place autour de l'immense table de réunion, à l'exception de notre enseignant. Alors que le temps passait, et bien qu'ayant déjà une petite idée en tête, nous nous interrogions sur la cause de son retard.

-Dis donc, tu n'y serais pas allé un peu trop fort avec ton sédatif, on dirait qu'il est allergique aux pêches.

Ce fut avec un retard de près de quarante-cinq minutes qu'il pénétra dans la salle de réunion. Il nous adressa ses salutations sur le même ton et avec le même humour que nous lui connaissions chaque jour, et il reprit son cours sans faire une quelconque allusion aux évènements de la veille au soir. Par totale retenue, avait-il décidé de faire l'impasse sur cet intermède mémorable, ou plus simplement, n'avait-il rien enregistré sous l'effet de l'alcool, et pensait-il que le coquard qu'il avait sous les yeux n'était que le résultat d'une chute due à son état ? Sa totale discrétion ne nous permit pas d'en savoir davantage.

Notre section était composée de trois jeunes rédacteurs et d'un non moins jeune cadre. Le travail s'accomplissait au jour le jour. La boutique tournait rond, l'ambiance était excellente, truffée de calembours et de plaisanteries joyeuses.

De petite taille, notre chef corrigeait celle-ci par le port de très hauts talons qui, malgré son souci permanent de vouloir les dissimuler, apparaissaient nettement sous l'ourlet de ses pantalons. Pour gagner le moindre centimètre, il se tenait plus droit qu'un I et ressemblait à un coq de combat dressé sur ses pattes, prêt à bondir, les ergots en avant. Les larges et épaisses épaulettes qu'il portait étaient si surdimensionnées qu'elles lui donnaient l'allure d'un hockeyeur Canadien. De nature ambitieuse et sans scrupules, il s'adonnait aux combines, voire au magouillage. Il le portait ouvertement sur son visage, et il n'était pas rare de deviner sa satisfaction après quelques faveurs reçues en guise de remerciements de la part de certains clients.

Peut-être avait-il ce jour-là un besoin impérieux d'extérioriser sa joie qu'il la laissa aller sans retenue et me fit part de ce qui le rendait si gai.

Alors que son épouse était depuis de longs mois à la recherche d'un emploi, il avait fait pression sur un client qui sollicitait un crédit, et dont l'entreprise présentait la possibilité de créer un poste. Sans une once de gêne, il imposa et obtint la promesse écrite de l'embauche de son épouse en contrepartie de l'accord du crédit. J'en suis resté tout interloqué. Il n'éprouvait aucun trouble à faire l'amalgame entre la Banque et ses desseins personnels. Mais voyons la suite, car l'histoire ne se termine pas là ! Sa femme fut donc affectée à un emploi comme convenu, puis, au bout de quelques mois, c'est-à-dire après le temps nécessaire pour percevoir une allocation de chômage, elle obtint son licenciement pour cause de « compression de personnel ». Tous les accords établis lors de la constitution du dossier de demande de crédit furent ainsi respectés. Madame pouvait désormais remplir à nouveau ses fonctions de mère au foyer à temps complet, tout en percevant presque l'équivalent d'un salaire par les ASSEDIC, avec pour seule contrainte, celle de se déplacer pour s'acquitter seulement d'un pointage mensuel. Ces façons d'agir ne recevaient certainement pas mon agrément et avaient le désagréable effet de titiller mes nerfs. Je ne pus ainsi conserver mon calme le jour où, tout fier de lui, il arriva au bureau tout sautillant et frémissant d'allégresse. Avec un air arrogamment satisfait, il agitait au bout de ses doigts, comme l'on agite un petit drapeau, le premier chèque des ASSEDIC. Mon sang ne fit qu'un tour.

- J'en ai assez de toutes tes magouilles. Tu peux bien tremper dans toutes les affaires louches que tu veux, cela te regarde, mais sache faire preuve d'un peu plus de discrétion et de respect envers les personnes qui travaillent honnêtement, et qui cotisent à l'ASSEDIC pour alimenter les allocations que perçoit ta femme complice de tes sales combines.

Surpris tant par le ton que par mes paroles, il resta sans répliquer.

- Je t'avertis, si tu as une nouvelle fois ce comportement, je te ferai avaler ton chèque morceau après morceau et tu devras patienter jusqu'à ta prochaine défécation pour le récupérer au fond de la cuvette des toilettes. O.K. ? A bon entendeur salut !

Cette mise en garde lui suffit pour ne plus se risquer à faire une quelconque allusion relative à ses magouilles. La leçon avait porté, et qui plus est, n'avait nui en rien à nos sympathiques relations professionnelles qui suivirent.

Mises à part ces petites querelles intestines, l'ambiance au sein de notre petite section était fort sympathique. Nous traitions, comme je l'ai dit plus haut, notre travail au jour le jour et, de ce fait, dans l'attente de la réception de notre courrier, nous occupions ce temps d'une demi-heure à trois quarts d'heure à nous livrer à toutes sortes de distractions. Mon ami Pierrot par exemple, remplissait les grilles de mots croisés d'un quotidien qu'il achetait tous les matins. Au fil des années, il avait acquis une expérience de cruciverbiste chevronné qui lui permettait de maîtriser les définitions en débusquant avec une aise déconcertante les fines ruses de plus d'un verbicruciste. Quant au reste de la troupe nous nous racontions en général quelques histoires récoltées la veille. L'un nous faisait état de ses tracas causés par les maçons qui construisaient sa villa, l'autre, de sa préoccupation de trouver un terrain constructible...

Certaines histoires étaient si drôles que j'ai encore le souvenir de quelques-uns de nos fous rires. Ils étaient tels que j'ai dû plusieurs fois me retirer du service et me diriger vers le coin repos afin de reprendre mes esprits et mon souffle. Un jour, pensant y être parvenu, j'ai rejoint mes collègues alors que l'un d'eux se perdait encore en pitreries. Il n'en fallut pas plus pour que mon fou rire reparte de plus belle. Plié en deux ce jour-là, ce ne fut qu'après avoir difficilement retrouvé mon sérieux que j'ai pu rejoindre mon poste de travail.

Un de nos collègues que nous surnommions de ses initiales JPG imitait Hitler de temps en temps. Il se collait sous le nez des moustaches qu'il avait dessinées au feutre noir et découpées sur un bout de papier, disciplinait sa mèche de cheveux, bondissait de sa chaise et se déplaçait sur le plateau0 en vociférant. Aboyant ainsi, le bras levé, et brisant le silence qui régnait jusque-là, il nous amusait toujours après nous avoir fait sursauter. Il approchait si bien la ressemblance du führer que l'on aurait presque pu croire qu'il était son sosie ou le führer lui-même. Il ne manquait pas de faire chaque fois son petit effet en déclenchant l'hilarité de tous.

Un autre de nos collègues qui était pourtant le contraire d'un boute-en-train, avait le don de nous amuser, c'était JS. Il avait toujours le nez plongé dans ses dossiers et analysait scrupuleusement des documents financiers. Il n'avait jamais de blagues à raconter mais qu'est-ce qu'il a pu nous amuser malgré lui. Il éructait très souvent sous l'effet d'un état nerveux. Son médecin, qu'il avait consulté, l'avait rassuré et lui avait surtout conseillé de ne se retenir d'aucune façon afin d'évacuer le stress qui l'envahissait. Le déroulement des travaux de construction de sa maison ne s'effectuant pas selon le rythme qu'il souhaitait lui donnait énormément de soucis. Il ne lui en fallait pas davantage pour être sous l'emprise de crises qui, selon l'ampleur de ses soucis, se déclenchaient et se manifestaient sous forme de rots qui se succédaient en une cadence et une amplitude sonore folles. Après chaque rot, il restait toujours très digne malgré le rythme et le volume qui s'intensifiaient. Nous n'étions pas en manque de vannes, mais il restait stoïque et coi. Son silence témoignait à quel point il se moquait totalement de nos gentilles moqueries. J'en ris encore aujourd'hui en écrivant ces lignes. Parfois ses rots étaient de si fantastiques déferlements que nous lui disions :

- Jean, tu as pris de l'avance ce matin, tu pourras faire relâche cet après-midi.

Heurté le moins du monde, le nez toujours sur un dossier, il faisait mine de ne rien entendre, ou bien peut-être, n'entendait-il vraiment rien. Devant un tel mutisme de sa part, nous rajoutions :

- Oh ! Qu'il était beau celui-là, tu pourrais nous refaire le même ?

Quel phénomène il a été pendant quelques semaines ! Qu'est-ce qu'il a pu nous faire rire ! Le moindre tic, la plus petite manie, tout était pour nous, prétexte d'amusement.

Un des employés d'une banque voisine venait présenter chaque matin des chèques et effets au service « compensation ». Il n'a pas manqué lui non plus de nous apporter son lot de distractions. Il était d'une ponctualité rigoureuse, toujours coiffé d'un chapeau feutre et revêtu d'une gabardine beige, style Colombo. Il sortait de l'ascenseur, sa sacoche à la main, traversait le plateau à pas rapides et, le regard fixe, sans tourner la tête et sans jamais prononcer le moindre mot, il disparaissait un court instant. Son travail terminé, il réapparaissait avec sa même allure rapide, franchissait les quelques mètres qui le séparaient de l'ascenseur et disparaissait jusqu'au lendemain matin à la même heure. Il était si précis dans ses déplacements, que j'eus l'idée de mettre en place un nouveau divertissement. Nous faisions des paris sur le temps qui lui serait nécessaire depuis sa sortie jusqu'à son retour face au même ascenseur. Une marge de dix secondes d'erreur seulement était accordée à chacun de nos pronostics. Notre mise était de un franc et le gagnant était celui qui annonçait le chiffre le plus près de la réalité à dix secondes près. Il va sans dire que nous étions les seuls gais lurons à nous livrer à ce petit amusement. Dès sa sortie de l'ascenseur le chronomètre était activé. Inutile de dire l'effervescence qui régnait au sein de notre petit groupe lors de cet intermède qui nous a beaucoup distraits. Un matin, alors qu'il venait d'effectuer son sempiternel aller-retour, il s'est arrêté net, nous a tous dévisagés pendant quelques secondes, puis, alors que chacun de nous ignorait jusque-là le timbre de sa voix, il nous posa cette question :

- Alors, combien de temps ai-je mis aujourd'hui ?

Plus embarrassés par le sentiment de l'avoir froissé, que surpris de l'entendre s'exprimer pour la première fois, chacun de nous se sentit penaud. Tirant avantage de l'effet de surprise qu'il avait jeté sur nous, il en profita pour rajouter :

- Je vous ai repérés depuis quelques jours déjà. Vous étiez tellement préoccupés à consulter vos montres à chacun de mes passages, que j'ai été interpelé par vos empressements et vos mines enjouées.

Il a accepté cela sans en prendre ombrage et nous avons sympathisé. A partir de cet instant, il ne manquait pas de nous saluer et d'échanger quelques mots lors de ses passages. Il suffit souvent de peu de choses pour se lier de sympathie et aider quelqu'un dans sa métamorphose. Quant à nous, nous avions perdu notre divertissement, il nous fallut trouver un autre sujet de détente. Alors nous est venue l'idée d'un casse-croûte.

En début de matinée, l'un de nous allait acheter à l'excellente pâtisserie du coin, quelques croissants chauds, des pains au chocolat, des brioches aux raisins et revenait les bras chargés d'une quantité impressionnante de cette viennoiserie pour notre plus grand plaisir. Nous nous jetions sur ce complément de petit déjeuner avec un tel empressement, que quiconque aurait pu penser que nous avions été privés de nourriture pendant des jours. En fait, cet enthousiasme vorace était plus dû au fait de se livrer à quelque chose d'insolite qu'à une fringale gourmande. Le tout était accompagné de café, de thé ou de boissons fraiches mises à notre disposition par le distributeur. Après quelques jours de ce menu, l'idée nous vint de passer du sucré au salé. Nous avons commencé par des morceaux de pizza et des petits pains aux olives, et puis, dans notre sympathique dérive, nous avons osé d'avantage. Nous sommes carrément passés des petits pains, aux sandwiches aux merguez, à l'omelette, au fromage et à la charcuterie. Tous nos casse-croûtes avaient au moins pour le plus discret, la dimension d'une demi-baguette. Nous arrosions bien évidemment tout cela d'un bon petit vin du terroir. Par discrétion, nous cachions toutes nos victuailles au fond de nos tiroirs, mais il ne nous était pas venu à l'esprit que, malgré toutes nos précautions, l'odeur de nos agapes se répandait sur le plateau et allait titiller les narines de nos copines du pool dactylos. Alléchée par cette odeur d'omelette et de merguez, l'une d'entre elles est venue se joindre à nous pour casser une petite graine et partager notre chaude ambiance. Après avoir avalé un bon petit casse-croûte au jambon, elle voulut apprécier notre coca cola. Vous vous doutez bien que la bouteille de coca-cola ne contenait pas cette boisson gazeuse et sucrée, mais un très bon vin rouge du terroir dont la couleur était à s'y méprendre. Avec un petit regard complice et une arrière-pensée, sans l'avertir, nous avons laissé notre petite collègue se servir et boire une rasade. La réaction ne se fit pas attendre. Elle avala son breuvage par le trou à prière, ainsi que disait ma grand-mère, mais elle se reprit aussitôt. Après avoir toussoté sous l'effet de la surprise, elle finit tout de même son verre, puis repartit rejoindre son poste de travail toute guillerette. Si les commentaires allaient d'ordinaire d'assez bon train, ce matin-là ils prirent l'allure du TGV.

C'était bon de se laisser aller à la détente. Nous exploitions toutes les possibilités pour vivre d'agréables moments. Ces petits intermèdes parfois insolites, mais toujours comiques et très courts, cassaient le côté sérieux de notre quotidien.

Conclusion.

Oui ! Les évènements qui se sont déroulés au cours de mon existence ne faisant pas défaut, j'aurais pu en faire état de bien davantage, mais le tableau déjà sombre ne se serait pas éclairci pour autant.

Je n'ai rapporté ici que quelques-uns des faits qui furent des plus marquants. J'ai fait état de mes points forts sans pour autant avoir voulu occulter les faibles.

Cette entière et honnête confession permettra :

A ceux qui me connaissent fort bien et, avec qui depuis de nombreuses années j'entretiens d'étroits liens d'amitié, de mieux me cerner encore. Je sais que, conscients de mon comportement face à mes joies, mes peines, mes ambitions, mon chagrin, qui appartiennent aujourd'hui au passé, et à l'homme que je suis à présent, je sais disais-je, qu'ils me conservent leur véritable amitié.

A ceux qui ne me connaissent que de loin, et qui n'ont apporté ni les soins ni les efforts pour me connaître davantage, et qui ont rejeté toute indulgence en restant bien campés sur leur position d'individus qui s'estiment hautement supérieurs, je leur dis tout simplement que je m'assois carrément sur leur opinion.

Enfin, à ceux qui ne me connaissaient aucunement et qui cependant, ont pu découvrir au cours de cette confession, l'enfant, l'adolescent, l'homme, l'époux, le père…, je leur laisse le choix de me louer ou de me blâmer, en me jugeant respectable ou indigne, selon le comportement avec lequel j'ai abordé les différentes étapes de ma vie.

Tout un chacun cependant, pourra trouver quelque part au long de ces lignes, soit une situation, une réaction, un sentiment, ou un coup de gueule, qui lui correspond tout à fait.

Chez tout être se trouve le meilleur et le pire. Mais où se situe le bon, où se niche le mauvais ? Qui peut prétendre posséder une conscience suffisamment aiguisée qui lui indique sans cesse le droit chemin à suivre ? Et qui peut se targuer de posséder un esprit assez fort et prompt, pour appliquer devant chaque épreuve ce que lui dicte sa conscience ? Ce doit être cela que l'on appelle la sagesse. Mais, qui me dira posséder et brandir le blason d'une totale raison ?

L'esprit de l'être humain s'abandonne abondamment à sa propension à se cacher derrière un masque, cependant, dès que celui-ci est tombé, soit par suite de sa propre décision, soit par les évènements qui le rappellent à la réalité, il s'aperçoit seulement là, de ce qu'il est vraiment.

Je suis le seul à pouvoir porter un jugement sur mes faits et gestes, mes pensées, mes joies, mes passions, mes peines, mes regrets, mes remords et mes tourments. Je dois reconnaître que si la raison est le cancer du cœur, pour guérir, je m'applique à ne pas entretenir mes souvenirs et à panser mes douleurs. J'ai pesé le bon, j'ai été meurtri par le mauvais et, tout comme l'on dépouille un bilan, lorsque j'analyse ma vie, ce que j'y vois me conduit à constater que : Hormis l'immense amour que m'ont prodigué mes grands-parents ainsi que celui que j'ai partagé avec Yvette, et ma vie stable présente, où que mes souvenirs me ramènent et se perdent, ils ne me rappellent que trop souvent :

Une vie de merde.

Gardez le moral !

Que ces écrits chargés de peine, de tristesse et souvent même de conduite légère, ne vous entraînent point à la morosité. N'avez-vous jamais entendu l'expression : « Elle n'est pas belle la vie ? » Alors, tout en gardant au fond de moi l'idée que je me suis faite de la mienne et que je qualifie de : « Vie de merde », sachez de la vôtre, en apprécier ses joies et surmonter ses épreuves. Jouissez-en au maximum !

Bien qu'il ne soit pas le reflet de ma pensée forgée sur mon vécu, j'ai rédigé ce poème pour répondre à un ami qui me dit :

« Tu n'écris que du noir, tu ne pourrais pas mettre un peu de couleurs ? ».

Je vous l'offre en espérant, si nécessaire, vous apporter l'aide, pour jouir au maximum de cette vie en savourant goulument toutes les splendeurs de la nature ainsi que le bonheur de vivre.

La vie est belle

Qu'importe son signe Scorpion, lion, verseau,
Dès son premier jour, couché dans son berceau,
Depuis que sur le monde, il a ouvert les yeux,
Dès lors qu'il voit le soleil briller dans les cieux,
Tout être, apprécie la beauté de ton cadeau.
Au fil des ans, il verra tout ce qui est beau,
Tes couleurs, tes senteurs, tes belles montagnes,

Tes étendues d'eau et tes vastes campagnes,
Tes nombreuses variétés de plantes et fleurs
Qui tendent vers lui, leurs plus belles couleurs.
Tu combles ses yeux et charmes ses oreilles.
Tout de ta belle nature est pure merveille.
La frêle et tendre violette près du ruisseau,
Les jeunes pousses d'un tout petit arbrisseau,
Le chant de ce même ruisseau qui gargouille
Mêlé à celui des oiseaux qui gazouillent.
Il sera au cours de ses nombreux voyages
Ebloui par le charme de tes paysages.
Partout où la beauté a établi demeure,
Il découvrira d'autres gens et d'autres mœurs.
L'homme n'a qu'une envie, qu'une soif de vivre,
De vivre chaque instant jusqu'à en être ivre,
Partager ses jours avec celle qu'il aime
Et de ses mots d'amour en faire un poème.
O vie, tu es pour lui la plus belle des choses,
Tu le fais marcher sur des pétales de roses.
Tu transformes en rêves ses pires cauchemars
Et ses rues sordides en larges boulevards.
Tu es celle à qui, à tout prix il s'accroche,
Telle une forteresse bâtie sur la roche.
Tu restes toujours pour lui, une ancre sûre
Et lui permet d'affronter du temps, la morsure.
Dommage que tu ne sois qu'une étincelle,
Combien tu serais plus belle, éternelle.
L'homme boirait chaque jour avec avidité,
Ton abondante coupe pour l'éternité.

Mais il se résigne à devoir compter ses jours,
Savourant ce que tu lui donnes avec amour.

Tous ses plaisirs, son bonheur et toutes ses joies,
O vie, merci! C'est à toi seule qu'il le doit.

Petit complément.

Après avoir remis le présent ouvrage pour lecture et conseils à deux amis et à quelques-unes de mes meilleures connaissances, certains d'eux m'ont dit : ton livre est fort intéressant mais il finit trop brutalement, on ne sait rien de ce qui est advenu ni à tes frères ni à toi après toutes ces années.

Si auprès d'eux j'ai pu combler cette lacune de vive voix, je me dois de compléter mes révélations afin de satisfaire la saine curiosité de certains lecteurs.

Mon frère André qui avait débuté sa vie professionnelle au sein d'une petite menuiserie située dans une vieille rue insalubre de Toulon, avait progressé au cours de nombreuses étapes successives pour atteindre le sommet qu'il s'était fixé, à savoir : patron d'une grande surface de meubles qu'il implanta dans les Bouches-du- Rhône. Ainsi que quiconque n'est censé l'ignorer, la zone qui s'étend de ce département jusqu'à celui des Alpes Maritimes, est en fait largement pourrie par les agissements d'un racket intense. Mon frère André qui a toujours refusé de se soumettre aux premières intimidations de cette racaille, ainsi qu'aux menaces plus sérieuses qui s'en suivirent est décédé à la suite d'un accident de la route dont les circonstances sont restées pour le moins très suspectes…

Quant à mes frères William et Michel, pour faire court, je dirai simplement que, déçu par leur comportement à mon égard et par mon inclination intransigeante, je les ai éliminés de mes fréquentations. Il est bien connu que si l'on choisit ses amis, on subit souvent sa famille.

A la suite d'un accident de la circulation en centre-ville, malgré une conduite prudente, il suffit d'un court instant de distraction de mon grand-père pour que ma grand-mère perde la vie. Quant à mon grand-père, il mourut peu de temps après rongé par le chagrin et la culpabilité répétant sans cesse : j'ai tué mon épouse.

Tous deux occupent une large place dans mon cœur. Le cœur n'est-il pas le plus merveilleux des cimetières dans lequel sont précieusement protégés les sentiments qui surpassent le plus somptueux des bouquets du souvenir.

Table des sujets